Ilona Dohnicht-Fioravanti | Regina Pols | Claudia Schönherr-Heinrich

99 **Tipps**
Erfolgreich durch das Referendariat

Ilona Dohnicht-Fioravanti ist Lehrerin für Kunst und Chemie an einer Berliner Gesamtschule, Fachbereichsleiterin im Fach Kunst sowie als Fachseminarleiterin im Fach Kunst und als Multiplikatorin in der Lehrerfortbildung tätig.

Regina Pols ist Lehrerin an einer Berliner Grundschule, ehemalige langjährige Fachseminarleiterin für das Fach Kunst sowie Koordinatorin und Multiplikatorin in der Lehrerfortbildung Berlin und Brandenburg.

Claudia Schönherr-Heinrich unterrichtet als Oberstudienrätin für Kunst und Deutsch an einem Berliner Gymnasium. Sie ist Fachseminarleiterin für das Großfach Kunst und Koordinatorin für die Lehrerfortbildung Kunst in Berlin.

Ilona Dohnicht-Fioravanti | Regina Pols | Claudia Schönherr-Heinrich

99 Tipps

Erfolgreich durch das Referendariat

Die in diesem Werk angegebenen Internetadressen haben wir überprüft (Redaktions-
schluss Mai 2009). Dennoch können wir nicht ausschließen, dass unter einer solchen
Adresse inzwischen ein ganz anderer Inhalt angeboten wird.

Nicht in allen Fällen war es uns möglich, den Rechteinhaber ausfindig zu machen.
Berechtigte Ansprüche werden selbstverständlich im Rahmen der üblichen Vereinbarungen abgegolten. Wir bitten um Verständnis.

www.cornelsen.de

Bibliografische Information: Die Deutsche Bibliothek verzeichnet diese Publikation in
der Deutschen Nationalbibliografie; detaillierte bibliografische Daten sind im Internet
über http://dnb.ddb.de abrufbar.

Dieses Werk berücksichtigt die Regeln der deutschen Rechtschreibung, die seit August
2006 gelten.

5. 4. 3. 2. 1.   Die letzten Ziffern bezeichnen
13 12 11 10 09 Zahl und Jahr der Auflage.

Konzeption: Dorothee Weylandt, Berlin
Redaktion: Barbara Holzwarth, München
Herstellung: Brigitte Bredow, Berlin
Die Reihenkonzeption wurde von Cornelia Colditz und Claudia Kahlenberg im
Rahmen eines studentischen Wettbewerbs im Studiengang Verlagsherstellung an der
HTWK Leipzig (www.verlagsherstellung.de) unter Leitung von Julia Walch, Bad Soden,
entwickelt.
Satz/Layout: Julia Walch, Bad Soden
Illustrationen: Mone Schliephack, Niedernhausen-Oberjosbach
Umschlaggestaltung: Magdalene Krumbeck, Wuppertal
Druck und Bindearbeiten: CPI – Clausen & Bosse, Leck
Printed in Germany
ISBN 978-3-589-22934-5

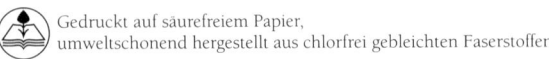 Gedruckt auf säurefreiem Papier,
umweltschonend hergestellt aus chlorfrei gebleichten Faserstoffen.

AKTUELLE ERKENNTNISSE ÜBER DAS LERNEN

MASSTÄBE FÜR EINEN ZEITGEMÄSSEN UNTERRICHT

Unterricht planen und durchführen

Methoden und Medien

Bewerten und prüfen

In der Ausbildung bestehen

Als Leser dieses Buches befinden Sie sich sehr wahrscheinlich kurz vor oder kurz nach Ihrem Eintritt in die zweite Phase der Lehrerausbildung, dem Vorbereitungsdienst, allgemein Referendariat genannt. Diese neue berufliche Situation löst bei Ihnen vielleicht Ängste aus und Sie fühlen sich – wie die meisten Lehramtsanwärter – zunächst überfordert: Einerseits müssen Sie die z. T. sehr festen Strukturen in Schule und Seminaren durchschauen, andererseits kommen damit verbundene, vielfältige und auf den ersten Blick möglicherweise unstrukturiert wirkende neue Anforderungen auf Sie zu. Für einen souveränen Umgang damit fehlt Ihnen noch die Handlungsroutine, über die langjährige Lehrkräfte verfügen, die Erinnerung an die eigene Schulzeit hilft zudem nicht weiter.

Die vorliegenden 99 Tipps sollen Ihnen einen ersten Überblick über Ihre Situation als Lehramtsanwärter und über die Verzahnung von Schule und Ausbildung geben. Darüber hinaus möchten wir Ihnen ein wenig die Angst vor dieser neuen Lebens- und Berufsphase nehmen und Ihnen helfen, sich in dem komplexen Netz von Anforderungen und Verpflichtungen zurechtzufinden. Im Wesentlichen richtet sich die Reihe „99 Tipps" an Lehrkräfte der Sekundarstufe I. Da bezüglich des Themas Referendariat aber viele Anregungen und Informationen in gleichem Maße für Lehramtsanwärter, die in der Sekundarstufe II unterrichten, hilfreich sind, finden sich in den folgenden Tipps an einigen Stellen auch Hinweise, die sich auf besondere Situationen und Bedingungen in der Oberstufe beziehen. Und selbstverständlich können Sie auch als Lehramtsanwärter in der Grundschule von den hier gesammelten Tipps profitieren.

Dieses Buch ist nach folgenden inhaltlichen Schwerpunkten gegliedert:
Im ersten Kapitel „Alles ist anders" machen wir Sie mit einigen Vorgehens- und Verhaltensweisen vertraut, mithilfe

derer es Ihnen als Lehramtsanwärter gelingt, häufige Anfangsschwierigkeiten in der neuen Ausbildungsphase zu überwinden und erste Klippen zu umschiffen.

Schließlich führen wir Sie im nächsten Kapitel in die schulischen Rahmenbedingungen ein und erklären das System Schule mit all seinen Beziehungsstrukturen, Funktionsträgern, Gremien, offiziellen Richtlinien, organisatorischen Verpflichtungen usw. Diese Hinweise werden Ihnen helfen, sich schon bald souverän durch den schulischen Alltag zu bewegen.

Im dritten Kapitel vermitteln wir Ihnen Hintergrundwissen zu neuesten Erkenntnissen der Hirnforschung und zur heutigen Sicht auf das Phänomen Lernen, um Ihnen im vierten Kapitel daraus schlussfolgernd Tipps für die Gestaltung eines methodisch und didaktisch zeitgemäßen Unterrichts zu nennen.

Schließlich wollen wir Ihnen dabei helfen, erste Schritte in Richtung des eigenen Unterrichtens zu gehen, und geben Ihnen daher im fünften und sechsten Kapitel praktische Hinweise und wertvolle Anleitungen zur Planung und Durchführung von Unterricht an die Hand. Ein besonderer Schwerpunkt liegt dabei auf der Vorstellung geeigneter Methoden und Medien.

An diese ersten Schritte in Richtung eigener Unterrichtstätigkeit schließt sich in der Regel das Problem der Bewertung von Schülerleistungen – sei es im Rahmen regulärer Klassenarbeiten oder gar bei Abschlussprüfungen – an, dem wir uns im darauffolgenden Kapitel widmen.

Und zu guter Letzt geben wir Ihnen im achten Kapitel ausführliche Hinweise, wie Sie den Anforderungen Ihrer Ausbildung, z. B. in Seminaren oder bei Unterrichtsbesuchen, begegnen können und wie Sie am besten in Prüfungssituationen agieren.

Sicherlich werden Sie nicht alle der angesprochenen Themen auf Anhieb im Blick behalten bzw. jeden der 99 Tipps beachten können. Das ist aber auch nicht nötig! Um Sie herum gibt es viele Menschen, die an Ihrer Ausbildung beteilig sind, Sie begleiten und Sie beispielsweise im rechten Moment auf Termine, Verfahren und Probleme aufmerksam machen werden. Vergessen Sie außerdem nicht: Sie dürfen als Anfänger Fehler machen! Niemand erwartet von Ihnen, dass Sie sofort alles können. Und aus Ihren Fehlern werden Sie am meisten lernen!

Wir hoffen, Sie mit unseren Ratschlägen auf Ihrem Ausbildungsweg unterstützen zu können, und wünschen Ihnen dabei viel Erfolg!

Ilona Dohnicht-Fioravanti
Regina Pols
Claudia Schönherr-Heinrich

PS: Aus Gründen der besseren Lesbarkeit wird in diesem Buch durchgehend die männliche grammatische Form verwendet. Natürlich sind damit auch immer Frauen und Mädchen gemeint, also Lehrerinnen, Schülerinnen usw.

10 Top-Tipps ... Die Lieblingstipps der Autoren!

3 Zeitmanagement lernen

Stress bewältigen 5

9 Schüler kennenlernen

Material und Medien sichten 19

35 Erkenntnisse der Hirnforschung nutzen

Kompetenzorientierte Aufgaben 44

49 Kooperativ lernen

Offene Methoden üben 59

68 Unterrichtsstörungen positiv sehen

Sich auf Unterrichtsbesuche vorbereiten 95

Für das Referendariat als weitere Stufe Ihrer Ausbildung bringen Sie viel Wissen aus dem Studium mit, das sich jetzt in der Praxis bewähren muss. Sie werden in dieser Phase allerdings auch mit neuen Rollenerwartungen konfrontiert, mit denen Sie umzugehen lernen müssen.

Um die Ecke gedacht

Die Schwierigkeit Ihrer neuen Aufgabe liegt darin, dass Sie einerseits als Lehrkraft „ins kalte Wasser geworfen" werden, also verantwortlich sind für die angemessene Gestaltung von Lernprozessen Ihrer Schüler und sich gegenüber den Eltern und der Schule rechtfertigen müssen, und andererseits in der Ausbildung sind, vieles deshalb noch nicht wissen oder können.

Sie werden die Erfahrung machen, dass Sie als Lehramtsanwärter immer wieder über sich selbst als Person nachdenken: Bin ich selbstbewusst oder unsicher? Fällt es mir leicht, auf andere zuzugehen, oder halte ich mich eher zurück? Gelingt es mir, Kontakt zu allen herzustellen, mit denen ich in meinem neuen Tätigkeitsbereich zu tun habe? Neige ich dazu, mich zu überschätzen, oder bin ich übermäßig kritisch mit mir selbst? Wichtig ist, dass Sie den Menschen in Ihrem neuen Umfeld möglichst authentisch begegnen. Im Idealfall treten Sie als Lehrkraft und als „Auszubildender" freundlich, sicher, flexibel und neugierig auf, ohne sich verstellen zu müssen.

Authentisches Auftreten

SOS-Tipp

Haben Sie stets den Mut, Fragen zu stellen oder ggf. zuzugeben, dass Sie etwas nicht wissen! Auch Schülern können Sie dies ruhig sagen. Sie müssen den Sachverhalt dann aber bei nächster Gelegenheit klären oder die Schüler auffordern, selbst nach der Antwort zu recherchieren.

2 MIT FESTEN STRUKTUREN KLARKOMMEN

Im Studium konnten Sie sich Ihre Zeit mehr oder weniger selbst einteilen, das Umfeld, in dem Sie sich bewegten, war relativ überschaubar. Als Lehramtsanwärter sind Sie nun Teil des Systems öffentlicher Dienst. Da es sich um einen komplexen „Apparat" handelt, sind Hierarchien und Abläufe klar strukturiert. Für alles gibt es Gesetze, Verordnungen und Regeln, denen Sie in Ihrer Doppelrolle als Lehrkraft und Lehramtsanwärter unterliegen. Sie können unmöglich von Anfang an alle Strukturen kennen und durchschauen. Versuchen Sie dennoch, möglichst bald einen Überblick über die wichtigsten Zusammenhänge zu bekommen.

Sich möglichst bald einen Überblick verschaffen

In den Ausbildungsseminaren lernen Sie wesentliche Bestandteile des Schulrechts kennen (Tipp 28). Wichtig ist für Sie zu wissen, wo bestimmte Regelungen nachzulesen sind, damit Sie Schwierigkeiten, z. B. bezüglich der Aufsichtspflicht, vermeiden. Auch die Aufgaben innerhalb des Systems Schule sind klar verteilt; Sie sollten sich also erkundigen, wen Sie in welchen Angelegenheiten ansprechen müssen.

❯ Tipp 28

Lassen Sie sich nicht entmutigen, wenn Sie am Anfang das Gefühl haben, dass Sie von fest gefügten Strukturen überrollt werden. Mit der Zeit werden Sie Erfahrungen im Umgang mit allen Bestandteilen des Systems Schule machen, die Ihnen die nötige Sicherheit geben.

3 ZEITMANAGEMENT LERNEN

Effizient arbeiten

„Wie soll ich das alles schaffen? Ich habe gar keine Zeit mehr für mein Privatleben!" Das werden Sie vielleicht schon nach wenigen Tagen im Referendariat denken. Wenn Sie aber von Anfang an darauf achten, effizient zu arbeiten und sich in Ihrem persönlichen Tagesablauf Freiräume für andere Dinge zu schaffen, werden Sie entspannter mit der neuen Situation umgehen können.

Gleich mal ausprobieren

Gewöhnen Sie sich an, Ihre Arbeitstage und -wochen genau zu planen, ein großer Wandkalender kann die Übersicht erleichtern. Schreiben Sie sich auf, welche festen Termine Sie einhalten müssen (beachten Sie dabei auch die Terminplanung der Schule, z. B. Gesamtkonferenzen, Prüfungen o. Ä., Tipp 20) und was Sie bis wann erledigt haben müssen – sowohl innerhalb der Ausbildung als auch in der Schule. Klassenarbeiten beispielsweise müssen langfristig vorbereitet werden. Insbesondere gegen Ende des Schulhalbjahres müssen Sie außerdem genau wissen, bis wann Sie Arbeiten von Schülern begutachtet haben müssen, um rechtzeitig die Noten eintragen zu können.

❯ Tipp 20

Neben der Organisation der dienstlichen Verpflichtungen sollte man rechtzeitig darauf achten, Pausen sowie nicht berufliche Aktivitäten einzuplanen (Tipp 5). Eine gewisse Regelmäßigkeit, eventuell sogar bestimmte Rituale im Tagesablauf können diesbezüglich hilfreich sein. Berücksichtigen Sie bei der Planung solcher Auszeiten unbedingt, wann und wie Sie am besten arbeiten können, und legen Sie sie in Phasen, in denen Sie meist nicht so effektiv sind.

Auszeiten bewusst einplanen

❯ Tipp 5

Achtung!

Denken Sie bezüglich privater Unternehmungen daran, dass Sie an Schultagen im Allgemeinen früh aufstehen müssen, ausufernde Abendveranstaltungen also für Ihre Leistungsfähigkeit am nächsten Tag nicht unbedingt förderlich sind.

SOS-Tipp

Auch ein durchdachtes Ordnungssystem spart Zeit, die Sie dann nicht mit Suchen verbringen müssen.
Fangen Sie in arbeitsintensiven Phasen außerdem am besten gar nicht mit Vermeidungsstrategien wie Fensterputzen oder stundenlangem Telefonieren an.

4 PRIORITÄTEN SETZEN

> Tipp 3

Das Referendariat bringt eine hohe Arbeitsbelastung mit sich und erfordert daher ein gutes Zeitmanagement (Tipp 3). Dazu gehört, dass man Prioritäten setzt, d. h. entscheidet, welche Angelegenheiten wichtig sind und worauf eventuell auch verzichtet werden kann.

Gleich mal ausprobieren

> Tipp 20

Schreiben Sie eine To-do-Liste mit allen Aufgaben, die in der nächsten Zeit anstehen. Ordnen Sie die Aufgaben nach ihrer Wichtigkeit drei verschiedenen Gruppen zu: sehr wichtige Aufgaben, mittelwichtige Aufgaben, unwichtige Aufgaben. Verplanen Sie nun Ihre zur Verfügung stehende Zeit. Hilfreich sind dabei ein Stundenplan mit allen festen wöchentlichen Terminen und ein Wandkalender, in den Sie die zusätzlichen Termine eintragen (Tipp 20). So sehen Sie, wie viel Zeit Sie überhaupt verplanen können. Folgender Umgang mit den unterschiedlichen Aufgaben ist ratsam:

- Unwichtige Aufgaben können Sie reduzieren, rationalisieren, delegieren oder ignorieren. Planen Sie für diese Aufgaben nur sehr wenig Zeit ein.
- Mittelwichtige Aufgaben sollten Sie mit möglichst wenig Aufwand erledigen. Auch hierfür sollten Sie nicht zu viel Zeit einplanen.

> Tipp 96

- Wenn Sie bei den wichtigen Aufgaben sehr gute Ergebnisse erzielen wollen, brauchen Sie einen Großteil Ihrer Arbeitszeit für „den letzten Schliff". Ein formal einwandfreier Unterrichtsentwurf (Tipp 96) beispielsweise enthält nur druckreife Formulierungen, keine Rechtschreibfehler, kein falsches Leerzeichen, durchweg korrekte Formatierungen und beachtet eine geschlechtergerechte Sprache. Bei einem „nur" guten Entwurf sind kleine Nachlässigkeiten tolerierbar.

Achtung!

Zu Ihren wichtigsten Aufgaben gehört das Examen. Wenn Sie hier ein sehr gutes Ergebnis anstreben, müssen Sie berücksichtigen, dass die Überarbeitung Ihrer Examensar-

STRESS BEWÄLTIGEN

5

Stress (engl.: Druck, Anspannung) bezeichnet zum einen durch äußere Reize hervorgerufene Reaktionen, die zur Bewerkstelligung besonderer Anforderungen befähigen, zum anderen die dadurch entstehende körperliche und psychische Belastung. Zunächst bewirkt Stress eine Aktivierung: Der Körper bereitet sich darauf vor, eine Herausforderung zu bewältigen. Die Reaktionen dieser Energiebereitstellung sind Durchblutung des Gehirns, erhöhte Muskelspannung, verbesserte Reflexe, erhöhter Blutdruck und schnellerer Herzschlag. Bei anhaltender Belastung und fehlender Erholung kann die körperliche Erregung jedoch nicht abgebaut werden, wodurch die Immunkompetenz geschwächt wird und es zu Erschöpfung und Krankheit kommt.

Lehrer üben einen Beruf mit einer hohen Belastung aus. „In kaum einem anderen Tätigkeitsfeld treten so komplexe, intensive und über viele Stunden ununterbrochen ablaufende soziale Interaktionen auf." (*Sauerbeck, Klaus (2000): Lust auf Schule, Stolz Verlag: Düren. S. 5*) Im Referendariat potenziert sich die Belastung noch durch die mangelnde Berufserfahrung und die zusätzlichen Anforderungen der Ausbildung. Durch äußere Faktoren, sogenannte Stressoren, wie hohe Leistungsanforderungen, zu viel Arbeit, Zeitdruck, Unterrichtsstörungen (Tipp 68) und soziale Konflikte, geraten Lehramtsanwärter unter Druck. Verstärkt wird dieser Stress häufig noch durch innere Einstellungen wie Perfektionismus und Einzelkämpfertum.

❯ Tipp 68

Zur Stressbewältigung gibt es drei Wege:

Instrumentelle Stressbewältigung

- Verringern der äußeren Belastung (instrumentell)
Bereits durch eine gute Zeitplanung und eine durchdachte Prioritätenliste lässt sich die äußere Belastung verrin-

❯ Tipp 4

gern (Tipp 4).
Mit Unterrichtsstörungen und sozialen Konflikten sollte man außerdem professionell umgehen: Tauschen Sie sich mit Gleichgesinnten aus, beschaffen Sie sich Informationen und holen Sie sich fachmännische Hilfe. Möglicherweise verringert in besonderen Stress-Situationen auch ein Wechsel der Schule oder des Seminars die äußere Belastung.

Kognitive Stressbewältigung

- Erkennen und Verändern der Stress verschärfenden Einstellungen (kognitiv)
Wie wir Situationen einschätzen und unsere eigene Kompetenz bewerten, hat großen Einfluss darauf, ob wir in Stress geraten oder nicht. Typische Stress verschärfende Gedanken sind: „Ich muss immer alles richtig machen!", „Das schaffe ich nie!", „Ich werde versagen!", „Die anderen denken jetzt schlecht über mich!"

Gleich mal ausprobieren

- Gewöhnen Sie sich positive Gedanken an und denken Sie sie immer wieder („Das schaffe ich!").
- Denken und sprechen Sie nicht in negativen Formulierungen (siehe Beispiele oben).
- Relativieren Sie die Dinge („Ich darf Fehler machen!") und nehmen Sie vieles mit Humor.
- Stellen Sie sich außerdem folgende Fragen:
„Welche positiven Seiten hat das Referendariat?"
„Was denkt einer, den die Situation weniger belastet?"
„Wie werde ich später über diese Zeit denken?"
„Was kann schlimmstenfalls geschehen? Was genau wäre daran so schrecklich? Wie wahrscheinlich ist es, dass dieser Fall eintritt?"
„Was wäre schlimmer als das Referendariat?"
„Habe ich schon einmal eine ähnlich schwierige Situation gemeistert? Wie?"

- Lindern der körperlichen und seelischen Stressreaktionen (regenerativ)

Tun Sie sich zur Linderung von körperlichen und seelischen Stressreaktionen etwas Gutes: Beschäftigen Sie sich mit Ihrem Hobby, treiben Sie Sport, belohnen Sie sich mit einem guten Essen, einem Entspannungsbad, einer Massage oder gehen Sie shoppen.

SICH MIT GLEICHGESINNTEN AUSTAUSCHEN

6

Um die unterschiedlichen Anforderungen, die im Referendariat an Sie gestellt werden, bewältigen zu können, sollten Sie sich auf die Suche nach Gleichgesinnten machen. Sie finden sie an Ihren beiden Arbeitsstellen, der Schule und dem Seminar.

In der Schule gibt es Kollegen, mit denen Sie sich auf unterschiedliche Art und Weise austauschen können: Mit Ihrem anleitenden Lehrer beraten Sie sich über die Schüler der Klasse, in der sie beide unterrichten, besprechen eventuelle disziplinarische Probleme und diesbezügliche Lösungen sowie die konkrete Unterrichtsplanung (Tipp 15).

> Tipp 15

Von den übrigen Kollegen können Sie aber ebenfalls Tipps zur Unterrichtsgestaltung bekommen, seien es fachliche Empfehlungen zu einzelnen Unterrichtseinheiten oder praktische Hilfen zu den verschiedensten Unterrichtssituationen.

Um die Ecke gedacht

Aber auch Sie haben den Kollegen bei diesem Austausch etwas zu bieten! Denken Sie daran, wie viel Zeit Sie als Lehramtsanwärter der Unterrichtsplanung sowie der Auseinandersetzung mit fachdidaktischen Problemen, neuen Methoden usw. widmen. Diese Zeit haben Ihre Kollegen nicht. Sie werden daher dankbar sein, neue inhaltliche und methodische Anregungen von Ihnen zu bekommen.

Erfahrungen und Kompetenzen nutzen

> Tipp 96

Im Seminar treffen Sie auf Lehramtsanwärter mit unterschiedlichen Erfahrungen und Kompetenzen. Tauschen, diskutieren und korrigieren Sie mit ihnen Unterrichtsentwürfe (Tipp 96) und überlegen Sie sich gemeinsam wirksame Strategien für die verschiedensten Unterrichtsprobleme – davon haben alle etwas!

7 BEWERTEN UND BEWERTET WERDEN

Eine der Besonderheiten des Referendariats ist die Situation, dass Sie einerseits Schüler bewerten müssen, andererseits aber auch selbst von Ihren Ausbildern bewertet werden.

Um die Ecke gedacht

> Tipp 88

Es liegt ein großer Vorteil darin, dass Sie auf diese Weise direkt erfahren, wie sich Schüler in Bewertungssituationen fühlen. Wenn Sie genau beobachten, welche Mechanismen Lernende entwickeln, um eine positive Bewertung ihrer Leistungen zu erfahren, können Sie sich parallel dazu fragen, ob Sie selbst ggf. über ähnliche Verhaltensmuster verfügen (Tipp 88).

Schrittweise Erweiterung der Handlungskompetenz

Bedenken Sie, dass nicht alles, was Sie im Rahmen der Ausbildung sagen oder tun, bewertet wird. Sie befinden sich vielmehr in einer Lernsituation, dürfen also genauso Fehler machen und daraus lernen, wie Sie dies Ihren Schülern zugestehen. Das Referendariat ist so strukturiert, dass Sie fortwährend Ihre Handlungskompetenz erweitern, indem Sie in den Seminaren Wissen erwerben, welches Sie in der Praxis erproben können, indem Sie beispielhaft Unterricht sehen, den Sie kritisch reflektieren, und indem Sie Rückmeldungen zu Ihrem Unterricht bekommen, aus denen Sie Konsequenzen ziehen können. Erst nach einer längeren Lernphase bekommen Sie eine Zwischenbeurteilung und ganz am Ende steht die Bewertung Ihrer Kompetenz.

20   ALLES IST ANDERS

8

Im Referendariat muss man seinen persönlichen Stil hinsichtlich der Kleidung und der übrigen äußeren Erscheinung nicht gänzlich aufgeben. Jedoch repräsentiert man während der Ausbildung das staatliche Schulsystem und wird von Schülern, Kollegen, der Schulleitung, Eltern, Ausbildern und der Schulaufsicht (in der Prüfung) wahrgenommen und auch anhand des Äußeren eingeschätzt. Man sollte sich daher an gewisse Regeln halten. Wer sein Gegenüber beispielsweise nicht durch zu freizügige Kleidung oder ein ungepflegtes Äußeres provoziert, muss auch keine persönlichen Kommentare oder negativen Einschätzungen befürchten. Wenn Sie an einer Schule arbeiten, an der bezüglich des optischen Erscheinungsbildes, der Hygiene, Körperbehaarung usw. interkulturell sehr unterschiedliche Bräuche und Ansichten aufeinandertreffen, ist es zudem ratsam, das eigene Äußere daraufhin zu überdenken. So geben Sie nicht unfreiwillig Anstoß zu Kritik.

Als Repräsentant des staatlichen Schulsystems auftreten

Achtung!

Das sollten Sie unbedingt vermeiden:

- bauchfreie Kleidung, durchsichtige (weiße) Leinenhosen, enge Kleider, unter denen sich die Wäsche abzeichnet, große Ausschnitte, keinen BH tragen, sehr kurze Röcke, Shorts, Stringtangas, die aus der Hose gucken, T-Shirts mit Botschaften, Baseballkappe im Unterricht;
- Kleidung, die nach Rauch oder Schweiß riecht, Körpergeruch, Alkohol- oder Knoblauchfahne, Raucheratem, Achselhaare zeigen, fettige Haare, schmutzige Fingernägel, abgeplatzter Nagellack, Schweißflecken, ungeputzte Schuhe, Kaugummi kauen.

9 SCHÜLER KENNENLERNEN

Wenn man als Unterrichtender das erste Mal mit einer neuen Lerngruppe zu tun hat, ist es zunächst wichtig, die Schüler kennenzulernen. Das ist nicht immer einfach, zumal wenn man sich einer lärmenden Gruppe von über 30 Kindern gegenübersieht.

Gleich mal ausprobieren

- Fertigen Sie anhand der Namensliste einen Sitzplan an. Bitten Sie die Schüler, in den nächsten Stunden nach diesem Plan zu sitzen.
- Fotografieren Sie die Schüler außerdem und legen Sie eine Art Album der Lerngruppe an. So können Sie die Namen leichter lernen. Lassen Sie sich auch die richtige Aussprache der jeweiligen Namen nennen.

Neben der Zuordnung von Gesichtern und Namen ist es vor allem wichtig, möglichst schnell einen Überblick über das Vorwissen und die individuellen Stärken und Schwächen der einzelnen Schüler zu bekommen. Bereits nach der ersten Stunde kann man in groben Zügen erkennen, wer sich möglicherweise besonders in den Vordergrund drängt, wer besonders eifrig nachfragt, wer sehr zurückhaltend ist usw.

Gleich mal ausprobieren

Machen Sie sich während des Unterrichts und danach so viele Notizen wie möglich. Am besten legen Sie eine Tabelle an, in der Sie anhand verschiedener Kriterien eine erste Einschätzung fixieren. Bei großen Lerngruppen empfiehlt es sich, vor einer Stunde fünf oder sechs Schüler festzulegen, die man dann besonders beobachtet.

Lernstandsanalyse

❯ Tipp 43

Da Sie individuell fördern sollen, ist es notwendig, eine Lernstandsanalyse zu den einzelnen Schülern zu erstellen (Tipp 43). Dies sollte jedoch ein Ziel sein, das Sie sich für die ersten Monate Ihrer Ausbildung stecken – setzen Sie sich damit daher nicht gleich am Anfang zu sehr unter Druck.

Es gibt Eltern, die sich sehr für die Schule interessieren. Andere – besonders Eltern in sozialen Brennpunkten und von Schülern in höheren Jahrgangsstufen – nehmen weniger am schulischen Geschehen teil. Als Lehrkraft sollte man jedoch versuchen, auch mit solchen Eltern Kontakt aufzunehmen, denn ihre Unterstützung im Sinne einer Erziehungspartnerschaft kann die eigene Arbeit wesentlich erleichtern.

Erziehungspartnerschaft

Gleich mal ausprobieren

- Stellen Sie sich den Eltern Ihrer Schüler beim Elternabend oder auf Sprechtagen (Tipp 12) im Beisein des jeweiligen Klassenlehrers vor.

▸ Tipp 12

- Geben Sie den Eltern die Sicherheit, dass Ihr Unterricht gut ist, weil er präzise geplant und von erfahrenen Fachkräften begleitet und ausgewertet wird.
- Erläutern Sie Ihre Unterrichts- und Bewertungsmethoden, stellen Sie Materialien und Bücher vor und klären Sie die Eltern darüber auf, was die Schüler am Ende des Schuljahres können sollen. Verteilen Sie die Standards und ggf. Ihre Kompetenzraster (Tipp 46).

▸ Tipp 46

- Sprechen Sie mit den Eltern darüber, wie sie ihre Kinder unterstützen können (sofern es sich um jüngere Jahrgangsstufen handelt: mit dem Kind die Tasche packen, wenn es häufig etwas vergisst, Hausaufgaben kontrollieren usw.). Nur gemeinsam mit den Eltern wird eine bestmögliche Förderung des einzelnen Schülers gelingen.
- Nutzen Sie immer wieder auch Einzelgespräche zur Elternberatung (Tipp 11).

▸ Tipp 11

SOS-Tipp

Lassen Sie sich nicht aus der Ruhe bringen und geraten Sie nicht in eine Verteidigungsrolle, wenn von den Eltern kritische Nachfragen oder sogar Vorwürfe formuliert werden. Versuchen Sie, das Problem freundlich und sachlich zu klären.

Damit gute Kontakte zu den Eltern entstehen, sollte man sie einladen, die Schule auch zu angenehmen Anlässen zu besuchen: zu Festen, Aufführungen und Ausstellungen. Fragen Sie darüber hinaus, ob Eltern Wandertage oder Klassenfahrten begleiten möchten. Regen Sie also eine aktive Teilnahme der Eltern am schulischen Leben an, indem Sie um ihre Hilfe bitten und ihnen Aufgaben anbieten.

ELTERNGESPRÄCHE FÜHREN

11

Meistens bitten Lehrkräfte die Eltern zum Gespräch, weil es in der Schule Probleme mit dem Kind gibt, seltener suchen die Eltern selbst das Gespräch. Es gibt verschiedene Methoden, eine konstruktive Gesprächssituation herbeizuführen. Bei Konflikten hat sich die sogenannte gewaltfreie Kommunikation bewährt. Sie soll helfen, sich ehrlich auszudrücken und empathisch zuzuhören. Missstände sollen verändert werden, ohne dass der Betroffene sein Gesicht verliert.

Gewaltfreie
Kommunikation

Gleich mal ausprobieren

Die gewaltfreie Kommunikation erfolgt in vier Schritten. Die Gesprächspartner äußern sich dabei in Ich-Botschaften.

1. Beobachtung: Beschreiben Sie zunächst die beobachtete Handlung oder Unterlassung, ohne zu bewerten oder zu interpretieren, z. B.: „Ihr Kind kam in den letzten drei Wochen immer ohne Hausaufgaben in meinen Unterricht." (Nicht: „Ihr Kind ist faul und vergesslich.")

2. Gefühl: Erklären Sie, was Sie dabei fühlen, z. B.: „Ich habe Angst, dass Ihr Kind die Standards nicht erreicht." (Nicht: „Ihrem Kind ist es egal, ob es etwas lernt.")

3. Bedürfnis: Nennen Sie Ihre Bedürfnisse („Ich möchte, dass Ihr Kind seine Hausaufgaben macht.") und erfragen Sie die Bedürfnisse des Gegenübers.

4. Bitte: Bitten Sie zum Schluss um eine konkrete Handlung. („Ich bitte darum, dass Sie Ihr Kind jetzt bei der Hausaufgabenhilfe anmelden.")

SOS-Tipp

> Führen Sie ein schwieriges Gespräch nicht allein, sondern suchen Sie sich Unterstützung durch den Klassenlehrer, die Schulleitung oder einen schulpsychologischen Mitarbeiter.

12

Mindestens einmal im Jahr findet an der Schule ein Elternsprechtag bzw. Elternsprechabend statt. Dieser bietet den Erziehungsberechtigten die Gelegenheit, mit den Lehrern ihrer Kinder über deren Verhalten, Lernbereitschaft und Leistungen zu sprechen. In schwierigen Fällen ersetzen diese – in der Regel zeitlich stark begrenzten – Gespräche jedoch nicht einen gesondert angesetzten Austausch mit den Eltern (Tipp 11).

Elternsprechtag

❯ Tipp 11

Häufig sind die betreffenden Schüler bei dem Gespräch dabei, was die Gesprächsführung etwas verändern kann. In manchen Fällen kommen die Schüler auch mit, weil ihre Eltern der deutschen Sprache zu wenig mächtig sind und sie daher dolmetschen müssen.

Achtung!

> Elternsprechtage bzw. -abende sind anstrengend. Sie werden feststellen, dass Sie möglicherweise mehrere Stunden hintereinander immer wieder ähnliche Dinge sagen müssen: dass Sie sich mehr Einsatz des Kindes wünschen, dass die Rechtschreibfähigkeit verbessert werden muss, dass die Konzentration zu wünschen übrig lässt, dass das Kind zu häufig seine Materialien nicht dabei hat usw.
> Bereiten Sie sich sorgfältig vor, indem Sie Listen mit Lernstandsdiagnosen (Tipp 43) und Lernergebnissen Ihrer Schüler dabeihaben, damit Sie möglichst differenziert Auskunft geben können.

❯ Tipp 43

An manchen Schulen gibt es zudem einen Schülersprechtag. Die Lehrkräfte haben so die Möglichkeit, Schüler zu sich zu bestellen, mit denen sie gerne einmal etwas ausführlicher sprechen möchten, als dies im Unterricht oder in den Pausen möglich ist. Die Gelegenheit zum Gespräch nutzen aber auch Schüler von sich aus, um über ihren Leistungsstand oder schwierige persönliche Verhältnisse zu sprechen.

MIT DER SCHULLEITUNG KOMMUNIZIEREN

13

❱ Tipp 28

❱ Tipp 25–27

Ansprechpartner in der Schulleitung

An der Spitze jeder Schule steht der Schulleiter. Er trifft wichtige Entscheidungen, achtet auf die Einhaltung des Schulrechts (Tipp 28) und ist nicht zuletzt der Repräsentant der Schule. Schließlich leitet er die Schul-, Gesamt- und Klassenkonferenzen (Tipp 25–27) und ist ein Mitglied der Kommission für Ihre zweite Staatsexamensprüfung. An zweiter Stelle steht der stellvertretende Schulleiter, der für die Planung des Unterrichts (Lehrer-, Klassenstundenpläne) zuständig ist; des Weiteren kümmert er sich um die Organisation von Vertretungsunterricht.

An Gymnasien gibt es darüber hinaus pädagogische Koordinatoren, die Schüler bezüglich ihrer Kurswahl beraten und das Abitur organisieren. Viele Schulen haben auch eine „erweiterte Schulleitung" aus vom Kollegium gewählten Lehrern, die sich z. B. mit dem Schulprogramm, der Evaluation oder der Vorbereitung von Konferenzen und Studientagen beschäftigen.

Achtung!

Für Sie ist es wichtig, zu wissen, in welchen Fällen man welche Person aus der Schulleitung anspricht. Die Aufgabenverteilung kann je nach Schulform bzw. Größe der Schule unterschiedlich sein. Informieren Sie sich unbedingt rechtzeitig über die Zuständigkeiten innerhalb der Schulleitung, am besten bei den Fachbereichsleitungen bzw. dem anleitenden Lehrer (Tipp 14 und 15).

❱ Tipp 14 und 15

Im Allgemeinen können Sie von folgenden Zuständigkeiten ausgehen:

Zuständigkeiten

- Der Schulleiter ist meist mit so vielen Dingen beschäftigt, dass Sie ihn nur in dringenden Angelegenheiten behelligen sollten, z. B. bei außergewöhnlichen Vorkommnissen in Ihrem Unterricht. Bei ihm müssen Sie Anträge auf Unterrichtsbefreiung für Ausbildungsveranstaltungen oder Sonderurlaub aus dringenden persönlichen Gründen stellen. Alle Termine für Unterrichtsbesuche sollten Sie Ihrem Schulleiter schriftlich zukommen lassen, damit er Sie, wenn es sein Zeitplan zulässt, im Unterricht sehen kann. Schließlich muss er – wie Ihre Ausbilder – Gutachten über Ihren Ausbildungsstand schreiben.
- Wenn Sie krank sind, müssen Sie den stellvertretenden Schulleiter informieren, indem Sie morgens in der Schule anrufen. Er wird einen Kollegen bestimmen, der Ihren Unterricht übernimmt (Tipp 69). Den stellvertretenden Schulleiter müssen Sie auch rechtzeitig informieren, wenn Sie beispielsweise aufgrund von Ausbildungsveranstaltungen Ihren Unterricht nicht wahrnehmen können.

❯ Tipp 69

- Sollten Sie an einem Gymnasium tätig sein und in der Oberstufe unterrichten, ist auch der pädagogische Koordinator wichtig für Sie. Er hat den Überblick über die Kurswahl sowie die Leistungen und Fehlzeiten von Oberstufenschülern. Im Allgemeinen ist er für die Organisation von Nachklausuren zuständig, wenn Schüler bei dem festgesetzten Klausurtermin gefehlt haben.

DIE FACHBEREICHSLEITUNG FRAGEN

14

In der innerschulischen Hierarchie ist zwischen der Schulleitung und den Fachkollegen eine weitere Ebene eingezogen: Fachbereichsleiter, Fachleiter oder von der Schulleitung benannte Verantwortliche für die Fachbereiche. Die unterschiedlichen Bezeichnungen haben mit den verschiedenen Aufgaben und Gehaltsstufen dieser Personen zu tun:

Im Fachbereich Naturwissenschaft gibt es z. B. einen Fachbereichsleiter, der für alle naturwissenschaftlichen Fächer übergeordnet verantwortlich ist, für die Fächer Physik, Chemie und Biologie sind jeweils Fachleiter zuständig. Welche Funktionen es an einer Schule gibt, ist unterschiedlich.

Aufgaben der Fachbereichsleitung

Die Aufgaben der Fach(bereichs)leitung sind:

- Ansprechpartner für die Schulleitung, ggf. gemeinsame Sitzungen der Fach(bereichs)leitungen,
- Qualitätssicherung innerhalb des Faches, z. B. durch Einsammeln von Klassenarbeiten mit entsprechender Rückmeldung an die betreffende Lehrkraft,
- Bücher- und Materialbestellungen für das Fach,
- Planung, Vorbereitung und Durchführung von Fachkonferenzen,
- Besuch regionaler Fachkonferenzen (Fortbildung und Austausch),
- Ansprechpartner für fachliche, pädagogische und organisatorische Fragen,
- Mentor für Lehramtsanwärter sowie Praktikanten.

Gleich mal ausprobieren

Nehmen Sie gleich am Anfang Kontakt zu Ihren jeweiligen Fach(bereichs)leitungen auf. Dort bekommen Sie alle wichtigen Informationen über die Organisation des Fachbereichs, über die vorhandenen Bücher und Materialien sowie über bestimmte Absprachen z.B. hinsichtlich der zu behandelnden Fachinhalte (Fachpläne) oder Leistungskontrollen.

Achtung!

Sollten Sie Probleme bezüglich der Organisation selbstständigen Unterrichts oder in Bezug auf Hospitationen haben, wenden Sie sich ebenfalls an Ihre Fach(bereichs)leitung. Allerdings ist sie nicht immer für die Betreuung von Lehramtsanwärtern zuständig, sodass für Fragen zu Ihrer Unterrichtsplanung und -durchführung möglicherweise eine andere Lehrkraft Ansprechpartner ist (Tipp 15).

❯Tipp 15

Die anleitenden Lehrer werden dem Lehramtsanwärter durch die Schulleitung (Tipp 13) zugeordnet. Sie sind Berater und verbindliche Ansprechpartner in der Schule, unterstützen bei der Unterrichtsplanung, besuchen den Unterricht des Lehramtsanwärters (Tipp 95), benennen seine Stärken und Schwächen aus ihrer Sicht, geben Tipps und Entscheidungshilfen. Schließlich wirken die anleitenden Lehrer an der Beurteilung des Lehramtsanwärters durch die Schulleitung mit. Bei Unterrichtsbesuchen und den anschließenden Auswertungsgesprächen sollten sie möglichst dabei sein, sind jedoch nicht Mitglied der Prüfungskommission.

> Tipp 13

> Tipp 95

Aufgaben des anleitenden Lehrers

SOS-Tipp

Es kann sein, dass der anleitende Lehrer in der Lerngruppe, die Sie selbstständig unterrichten, nicht mit Ihnen „doppelt gesteckt" ist und somit aus Zeitgründen nicht in Ihrem Unterricht hospitieren kann. Dann sollten Sie während Ihrer Hospitationsstunden bei ihm besonders gut beobachten, nach und nach Elemente seines Unterrichts übernehmen und sich über diesbezügliche Erfahrungen austauschen. Vielleicht lässt es sich stundenplantechnisch auch organisieren, dass der anleitende Lehrer eine parallele Lerngruppe unterrichtet, sodass Sie gemeinsam planen können. Machen Sie sich in jeder Hospitationsstunde bei den anleitenden Lehrern präzise Notizen. Sie können meistens viel daraus lernen!

Eine vertrauensvolle Beziehung zwischen Lehramtsanwärter und anleitendem Lehrer, die das beiderseitige Äußern von Kritik möglich macht, ist Voraussetzung für das Gelingen der Ausbildung auf dieser Ebene. Im Stundenplan festgelegte wöchentliche Besprechungsstunden fördern die kontinuierliche Zusammenarbeit.
Aufgrund der jeweiligen Verpflichtungen kann es manchmal schwierig sein, feste Zeiten für Besprechungstermine

mit dem anleitenden Lehrer zu finden. Dann ist es ratsam, per E-Mail zu kommunizieren, über Unterrichtsplanungen zu telefonieren oder sich am Wochenende zu einem Arbeitsfrühstück zu treffen. Bedenken Sie allerdings, dass die anleitenden Lehrer dies alles als unbezahlte Mehrarbeit tun, und erwarten Sie nicht zu viel!

Manche anleitenden Lehrer übernehmen diese Aufgabe gerne, weil sie an Unterrichtsentwicklung interessiert sind, sich in den Diskurs einbringen wollen und sich vielleicht auch Anregungen und etwas frischen Wind für die eigene Praxis erhoffen. Diese Lehrer werden die besten Verbündeten in Ihrer Ausbildung sein! Sie können ihnen eine Freude machen, wenn Sie gute Papiere, die Sie in den Seminaren bekommen, für sie kopieren.

SOS-Tipp

Sollte Ihr anleitender Lehrer seine Aufgabe nicht ganz freiwillig und ungern übernommen haben und entsprechend unmotiviert sein, hospitieren Sie auch einmal woanders und suchen Sie ggf. auf diesem Wege jemanden, mit dem die Zusammenarbeit besser funktioniert.

AUF KOLLEGEN ZUGEHEN

16

Ein Lehrerkollegium ist ein soziales Gefüge mit gewachsenen, jedoch ständig in Veränderung befindlichen Konstellationen und eingespielten Regeln. Manche Kollegen arbeiten zusammen und planen Unterricht im Team, manche sind privat befreundet, zwischen einigen gibt es möglicherweise sogar Spannungen und Konflikte. Lassen Sie sich nicht zu schnell positionieren, sondern betrachten Sie die Situation im Kollegium mit Interesse und etwas Abstand. Am meisten werden Sie mit Ihren anleitenden Lehrern ❯ Tipp 15 (Tipp 15) zu tun haben und sofern in Ihrem Bereich Zusammenarbeit in Teams erfolgt, schließen Sie sich diesen natürlich an. Damit Sie von der schulpraktischen Ausbildung bestmöglich profitieren, sollten Sie aber auch weitere Kontakte knüpfen: Gehen Sie auf alle Kollegen offen zu und beteiligen Sie sich an Kollegiumsfeiern und -fahrten. Von jedem Kollegen können Sie etwas lernen! Finden Sie heraus, wer wofür Experte ist. Manch einer ist vielleicht nicht besonders aufgeschlossen gegenüber neuen Methoden der Unterrichtsentwicklung, aber vielleicht können Sie von ihm z. B. eine beruhigende Gelassenheit in Bezug auf den Beruf und ein gesundheitsförderliches Zeit- und Stressmanagement (Tipp 3 und 5) lernen.

Von den Kollegen lernen

❯ Tipp 3 und 5

Gleich mal ausprobieren

Erkundigen Sie sich nach den Bräuchen im Lehrerzimmer und Kollegium, damit Sie nicht ungewollt in ein Fettnäpfchen treten. Fragen Sie nach:

- Gibt es im Lehrerzimmer feste Plätze, Schränke usw.?
- Hat jeder seine eigene Tasse oder gibt es Geschirr der Allgemeinheit für die Pausen?
- Bringt jeder sein eigenes Getränk mit oder wird Kaffee für alle gekocht, und wie sind da die Absprachen?
- Werden Geburtstage im Kollegium gefeiert? Welche Rituale gibt es in diesem Zusammenhang?

SEKRETÄRIN UND HAUSMEISTER FRAGEN

17

Sekretärin und Hausmeister sind die guten Seelen eines Betriebs und verdienen daher besondere Wertschätzung.
Im Sekretariat (oder im Büro der Schulleitung) lagern alle Papiere, die für die Arbeit an der Schule wichtig sind: die Schülerbögen, Konferenzprotokolle, Rahmenlehrpläne, Gesetze, Vorschriften und Informationen, das Fortbildungsverzeichnis, Antragsformulare usw. – die Sekretärin hilft hier gerne weiter. Bei ihr bekommt man auch einen Briefumschlag für seine Dienstpost, und sie findet Namen und Stellenzeichen dienstlicher Ansprechpartner, z. B. im Perso-

Hilfe im Sekretariat

nalbüro, heraus. Die Sekretärin kann dienstliche Telefonate für einen erledigen (z. B. Terminabsagen), wenn man verhindert ist, dies selbst zu tun, und sie nimmt dienstliche Anrufe für einen entgegen. Darüber hinaus kennt sie die Termine der Schulleitung und weiß also, ob der Zeitpunkt für ein spontanes Anliegen dort gerade günstig ist (Tipp 13).

❯ Tipp 13

Unterstützung durch den Hausmeister

Der Hausmeister bringt alles, was nicht funktioniert, wieder in Ordnung, ob es das verstopfte Waschbecken ist, der abgerissene Vorhang zur Verdunkelung des Raumes für Präsentationen oder ein defekter Overheadprojektor. Er bringt auch Bilderrahmen und Bilderleisten an und kann möglicherweise sogar einen Klassensatz Holzplatten zum Modellbau besorgen, wenn er eine gut sortierte Werkstatt hat.

Bedenken Sie aber, dass Sie dem Hausmeister gegenüber nicht weisungsbefugt sind. Zeitraubende Anliegen an ihn sollten Sie immer zuerst der Schulleitung vortragen.

Um die Ecke gedacht

Stellen Sie sich der Sekretärin und dem Hausmeister vor, wenn Sie neu an eine Schule kommen. Schenken Sie ihnen gelegentlich ein nettes Wort und bedanken Sie sich für ihre Dienste. Vieles von dem, was Sekretärin und Hausmeister tun, ist nicht selbstverständlich! Es kann Ihnen durch sie jedoch manches ermöglicht werden, obwohl es nicht zum expliziten Aufgabenbereich der beiden gehört. Kollegen, die einem Wertschätzung entgegenbringen, tut man gerne einmal einen Gefallen.

RÄUMLICHE BEDINGUNGEN KLÄREN

18

In der Schule arbeitet man als Lehrkraft in Klassenräumen und Fachräumen. Um diese optimal nutzen zu können, ist es ratsam, sie vorher auf Verdunkelungsmöglichkeiten und die Anzahl und Lage der Steckdosen hin zu untersuchen, eventuell auch auf Waschbecken bzw. Wasseranschlüsse. Wichtig ist es auch, zu wissen, welche Schränke, Regale oder Schubladen zur Ablage von Büchern, Schülerarbeiten, Modellen usw. genutzt werden können. Außerdem sollte man feststellen, wie groß die Wandtafel ist, ob es ggf. sogar mehrere gibt und ob Pinnwände oder ein Flipchart zur Verfügung stehen.

Die Raumbelegung ist in der Schule durch Raumpläne und die Stundenpläne der Kollegen organisiert. Man bekommt diese Pläne vom stellvertretenden Schulleiter oder vom jeweiligen Fachleiter. Die Raumpläne sollten auch an der Tür des jeweiligen Raumes aushängen.

Raumpläne beachten

Gleich mal ausprobieren

Da man als Lehrkraft normalerweise in einer Fünfminutenpause nur in den nächsten Unterrichtsraum eilen kann und keine Zeit zum Aufräumen hat, sind in diesem Zusammenhang kollegiale Absprachen wichtig:

- Klären Sie, welche Regeln es für den Ordnungsdienst, Tafeldienst usw. in den verschiedenen Räumen gibt.
- Stellen Sie fest, welcher Kollege nach Ihnen den jeweiligen Raum nutzt, um abzusprechen, ob die Stühle hochgestellt sein sollen, ob Materialien und Medien noch stehenbleiben können usw.

Achtung!

Es ist auch wichtig, die Größe der jeweiligen Räume einzuschätzen. Sozialformen wie ein Kreis oder ein Halbkreis vor der Tafel brauchen Platz (Tipp 60). Wenn die Unterrichtsräume klein, die o. g. Sozialformen aber wichtig für Ihren Unterricht sind, müssen Sie die Anordnung der Schüler- und Lehrertische im Raum eventuell verändern (z.B. eine Schülersitzordnung in U-Form, die in der Mitte Platz lässt). Tun Sie dies aber nur in Absprache mit den Kollegen und dem Fachleiter!

❯ Tipp 60

19

Erkundigen Sie sich, wenn Sie neu an eine Schule kommen, nach Folgendem:

- Mit welchen Materialien wird in Ihrem Fach gearbeitet?
- Wo befinden sich diese Materialien?
- Bleiben sie an einem festen Platz in der Schule oder werden sie von den Schülern mit nach Hause genommen? (Überlegen Sie sich in letzterem Fall ein wirkungsvolles System mit entsprechenden Konsequenzen, damit das Material auch wirklich da ist, wenn es im Unterricht gebraucht wird.)

Fundus der Fachbereiche nutzen

- Welche zusätzlichen Materialien, mit denen nicht ständig gearbeitet wird, gibt es außerdem an der Schule? Fachbereiche haben oft einen großen Fundus, den zu sichten sich lohnt. Wenden Sie sich dazu an den Fachbereichsleiter (Tipp 14). Gibt es eine Liste, in der alles vorhandene Material aufgeführt ist? Bieten Sie andernfalls an, eine solche zu erstellen.

> ❯ Tipp 14

Material anschaffen

- Wie ist der übliche Weg, wenn Sie für ein Unterrichtsvorhaben besondere Materialien anschaffen wollen? Haben der Fachbereich oder die Lerngruppe dafür eine Kasse oder müssen Sie Geld von den Schülern einsammeln? In sozialen Brennpunkten ist dies oft ein Problem. Dann sollten Sie nach Alternativen suchen: Mit welchen vorhandenen oder kostenlos zu beschaffenden Materialien kann das Unterrichtsvorhaben stattdessen durchgeführt werden? Ratsam ist auf jeden Fall eine langfristige Planung, d. h., dass Sie Ihre Wünsche über die Fachbereichsleitung in den Finanzausschuss der Schule einbringen.

Technische Medien

- Welche technischen Medien gibt es an der Schule (Overheadprojektoren, Video- und DVD-Player mit Monitoren, PCs, Laptops und Beamer)? Wo befinden sich diese Medien? Sind sie einfach in Ihren Unterrichtsraum zu transportieren oder ist es sinnvoller, mit den Schülern den entsprechenden Raum aufzusuchen? Bedenken Sie, dass der Raum, in dem Sie mit dem Projektor arbeiten wollen, zu verdunkeln sein muss.

Achtung!

> Räume, in denen Sie nicht sowieso Unterricht haben, müssen Sie vorher reservieren, z.B. den Computerraum oder die Aula (Tipp 18).
>
> Melden Sie auch rechtzeitig vorher an, wenn Sie technische Medien ausleihen möchten. An manchen Schulen hat nicht jeder zu allen Medien Zugang: Laptops und Beamer werden aus Sicherheitsgründen in Tresoren verschlossen, für die nur bestimmte Personen (Medienwart, Schulleitung) einen Schlüssel haben.

❯ Tipp 18

WICHTIGE TERMINE BEACHTEN

20

Ohne Terminpläne könnte weder die Organisation der Schule noch die der Ausbildung funktionieren (Tipp 2). Andererseits belasten diese Vorgaben natürlich auch, weil sie jedem Beteiligten Grenzen setzen bzw. weil es passieren kann, dass sich Termine überschneiden. Daher ist diesbezüglich eine gewissenhafte Buchführung ausgesprochen wichtig (Tipp 3).

❯ Tipp 2

❯ Tipp 3

Gleich mal ausprobieren

- Zunächst sollten Sie sich den Terminplan Ihrer Schule geben lassen. In ihm sind alle wichtigen verbindlichen Termine eingetragen, z.B. Wandertage, Gesamtkonferenzen, Fristen für das Eintragen von Noten usw. An Gymnasien finden sich darin auch die Termine für Klausuren. So erfahren Sie u.a., wann der Unterricht in Ihren Kursen unter Umständen von Klausuren in anderen Kursen betroffen ist.
- Markieren Sie alle wichtigen Termine farbig und übertragen Sie solche, die Sie bzw. Ihre Lerngruppen betreffen, in Ihren privaten Terminkalender (oder Wandkalender über Ihrem Schreibtisch).
- Parallel dazu sollten Sie alle zur Verfügung stehenden Unterrichtstermine Ihrer Lerngruppen in die dafür vorgesehenen

> Klassen- und Kurslisten oder in eigens angefertigte Tabellen eintragen. So können Sie im Überblick sehen, wie viele Unterrichtstermine Sie in den jeweiligen Lerngruppen haben. Legen Sie dabei möglichst auch gleich fest, in welchen Zeiträumen die Klassenarbeiten stattfinden sollen. Tragen Sie außerdem auf alle Fälle ein, wann die Noten für die jeweiligen Lerngruppen fertig sein müssen.

Im Rahmen Ihrer Ausbildung fallen darüber hinaus eine Reihe von wichtigen Terminen an. So müssen Sie mit Ihren Ausbildern rechtzeitig Unterrichtsbesuche vereinbaren ❯Tipp 95 (Tipp 95), die nicht zu dicht aufeinanderfolgen und nicht mit dem Zeitraum für Ihre Staatsexamensarbeit oder mit Terminen für Klassenarbeiten bzw. Klausuren kollidieren sollten. Die Termine für die Gutachten werden administrativ festgelegt, bezüglich Ihres Prüfungstermins können Sie ggf. mitbestimmen.

DAS KLASSENBUCH FÜHREN

21

Das Klassenbuch – das es inzwischen auch in elektronischer Form gibt – ist ein wichtiges, schnell greifbares Dokument, in dem der behandelte Unterrichtsinhalt, die Fehlzeiten und Verspätungen von Schülern, die Hausaufgaben und weitere relevante Vorkommnisse festgehalten werden. Es beinhaltet ein Schülerverzeichnis, eine Übersicht der in der Klasse unterrichtenden Lehrer und den Stundenplan. Das Klassenbuch dient außerdem dazu, die Anwesenheit der Schüler zu

Gewissenhaft dokumentieren überprüfen. Tragen Sie fehlende Schüler also stets gewissenhaft ein. Bei Feueralarm muss das Buch mit auf den Hof genommen werden.

Am Ende jedes Schuljahres, häufig auch öfter, werden alle Einträge durch die Schulleitung überprüft und verwaltet.

In der Regel ist ein mit dem Klassenbuchamt betrauter Schüler dafür zuständig, dass das Buch dem unterrichtenden Lehrer zu Beginn jeder Stunde vorliegt.

Gleich mal ausprobieren

Sie können sich mit einem Blick ins Klassenbuch einen Überblick verschaffen, was vor Ihrem Unterricht in einer Klasse bereits gelaufen ist: Haben die Schüler eine Klassenarbeit geschrieben, gab es ein besonderes Ereignis – geplant oder ungeplant –, ist jemand besonders aufgefallen? Dies wird Ihnen helfen, das Verhalten der Gruppe oder einzelner Schüler besser zu verstehen und sich darauf einzustellen.

Nutzen Sie selbst die Rubrik „Bemerkungen", um Ihren Kollegen Wichtiges zur Kenntnis zu geben. Auffälliges Schülerverhalten sollte dort kurz dokumentiert werden, auch damit man später bei Elternkontakt, Konferenzen oder anstehenden Erziehungs- und Ordnungsmaßnahmen darauf verweisen kann. Man kann hier aber auch Positives festhalten!

KURSHEFTE GEWISSENHAFT FÜHREN

22

Für die Grund- und Leistungskurse in der gymnasialen Oberstufe gibt es spezielle Hefte, die sorgfältig geführt werden müssen. Sie enthalten wichtige Informationen, die zu Beginn eines Halbjahres einzutragen sind: die Namen der Schüler sowie deren Tutoren, die Unterrichtstermine, das Halbjahresthema, die Unterrichtsinhalte.

Achtung!

Sie müssen bei jedem Unterrichtstermin die Anwesenheit der Schüler kontrollieren und im Kursheft eintragen. Fehlzeiten und Verspätungen müssen dem Tutor umgehend gemeldet werden; einige Schulen haben diesbezüglich spezielle Verfahren, nach denen Sie sich am besten gleich am Anfang erkundigen.

Tragen Sie möglichst früh alle Unterrichtstermine des Halbjahres in das Kursheft ein; liegt Ihnen bereits eine schulinterne Terminplanung vor, sollten Sie auch die Klausurtermine vermerken. Berücksichtigen Sie ebenso Studientage, spezielle schulinterne Termine und die verschiedenen Feiertage. Auf diese Weise gewinnen Sie einen Überblick über die zur Verfügung stehenden Unterrichtsstunden.

Dokumentation des behandelten Lernstoffs

Sie sollten die Kurshefte sorgfältig führen, vor allem für den Fall, dass Sie den Kurs abgeben und ein Kollege den Unterricht fortsetzen muss. Auch im Zusammenhang mit den Abiturprüfungen (Tipp 92) muss nachvollziehbar sein, was im Unterricht gemacht und gelernt wurde. Parallel dazu empfiehlt sich dringend eine tabellarische Planung des Kurses (Tipp 55).

> Tipp 92

> Tipp 55

23 SINNVOLLE KLASSENLISTEN FÜHREN

Klassenlisten sind entweder beim jeweiligen Klassenlehrer oder im Sekretariat erhältlich. Sie führen generell die alphabetische Namensliste der Schüler auf sowie ihre Adresse, Geburtsdatum und -ort, Geschlecht, Nationalität/Sprache, Empfehlung der Grundschule u. a. m. Auch der Name des Klassenlehrers ist auf dieser Liste vermerkt.

Achtung!

Die Klassenlisten sind in vielfacher Hinsicht nützlich:
- Sie erfahren die Adressen der Schüler für eventuelle Schreiben an die Eltern.
- Sie können sie bei Kontrollen, z. B. einer Hausaufgabenkontrolle, zum Abhaken nutzen.
- Sie können sie beim Einsammeln, z. B. der Hefte, nutzen.
- Sollte das Klassenbuch gerade nicht greifbar sein, können Sie in die Liste Fehlzeiten eintragen.
- Sie bekommen einen Hinweis auf die Deutschkenntnisse der Schülerschaft.

Vergessen Sie nicht, klassenbuchrelevante Details nach dem Unterricht auch in das Klassenbuch einzutragen (Tipp 21)!

> Tipp 21

Gleich mal ausprobieren

Nehmen Sie sich die Klassenliste als Vorlage, um eine eigene Liste nach Ihren Bedürfnissen zu erstellen. Lassen Sie die Rubriken weg, die für Sie eher uninteressant sind, und erweitern Sie die Liste um Spalten für Hausaufgaben, Materialien, Mitarbeit im Unterricht usw.

Bevor die Zeugnisse geschrieben werden, müssen die Noten in sogenannte Zeugnislisten eingetragen werden. Diese bereitet der Klassenlehrer vor. Erkundigen Sie sich, wo die Zeugnislisten ausliegen und bis zu welchem Termin die Noten eingetragen sein müssen (Tipp 20).

❯ Tipp 20

In der Zeugnisliste gibt es für jeden Schüler drei Zeilen: In der oberen Zeile stehen alle Noten des letzten Zeugnisses, die mittlere Zeile ist für die Halbjahresnoten vorgesehen und die untere für die Noten zum Schuljahresschluss. Sie können in der Liste Noten mit Tendenzen angeben (plus oder minus), was sich jedoch nicht im Zeugnis widerspiegelt. Wenn eine Note von der Vornote um mehr als eine Ziffer nach oben oder unten abweicht, ist dieser Notensprung in der Zeugnisliste zu begründen. Sie können außerdem Bemerkungen zum Arbeits- und Sozialverhalten der Schüler in die Zeugnisliste eintragen.

Achtung!

Informieren Sie sich frühzeitig über die letzten Zeugnisnoten Ihrer Schüler und geben Sie ihnen kontinuierlich Rückmeldungen über ihren Leistungsstand, bzw. lassen Sie diesen durch die Schüler selbst einschätzen, damit es im Zeugnis nicht zu bösen Überraschungen und Enttäuschungen kommt.

25

Die wichtigsten Beratungs- und Entscheidungsorgane der schulischen Selbstgestaltung sind die Schulkonferenz und die Gesamtkonferenz.

Die Schulkonferenz, die aus gewählten Vertretern der Lehrer-, Eltern- und Schülerschaft besteht, manchmal einer externen Person und natürlich der Schulleitung, wird in einigen Bundesländern auch Schulforum, Schulausschuss und Schulvorstand genannt. Sie dient der Zusammenarbeit von Schülern, Eltern und dem Schulpersonal und berät über alle wichtigen schulischen Angelegenheiten. Die Beschlüsse der Schulkonferenz bzw. ihre Empfehlungen werden in Gesamtkonferenzen bekanntgegeben.

❯ Tipp 13

An den Gesamtkonferenzen nehmen der Schulleiter (Tipp 13), alle Lehrer, pädagogischen Mitarbeiter und Lehramtsanwärter stimmberechtigt teil. Beratend sind außerdem noch Elternvertreter und Schülervertreter anwesend. Die Gesamtkonferenz berät und beschließt über die pädagogische und fachliche Gestaltung der schulischen Arbeit sowie Entwicklung und Sicherung der schulischen Qualität.

Beschlüsse über pädagogische und fachliche Gestaltung schulischer Arbeit

Achtung!

Sie sind verpflichtet, an den Gesamtkonferenzen teilzunehmen, wenn Sie nicht gleichzeitig Ausbildungsveranstaltungen besuchen müssen. Dies ist auch sinnvoll, weil hier alle schulspezifischen Probleme – von Pausenregelungen bis zu Vorschlägen für das Schulprogramm – diskutiert werden, Sie so also informiert sind und sich auch aktiv einbringen können. Aktive Mitarbeit wiederum hebt Ihr Ansehen bei den Kollegen und der Schulleitung!

SOS-Tipp

Da bei Gesamtkonferenzen immer (fast) alle Lehrer anwesend sind, bieten sie auch eine gute Möglichkeit, Kollegen vorher und nachher mit fachlichen Fragen u. Ä. anzusprechen (Tipp 16).

❯ Tipp 16

Wenn Sie in einem Fach selbstständig unterrichten, sind Sie stimmberechtigtes und zur Teilnahme verpflichtetes Mitglied der entsprechenden Fachkonferenz – sofern Ausbildungsverpflichtungen dem nicht entgegenstehen.

Die Fachkonferenz berät über alle das jeweilige Fach betreffenden Angelegenheiten. Sie entscheidet im Rahmen der Beschlüsse der Gesamtkonferenz (Tipp 25) insbesondere über die

Beschlüsse der Fachkonferenz

❯ Tipp 25

- Auswahl der Lern- und Lehrmittel,
- Koordinierung der Beobachtung der Lernentwicklung sowie der Leistungsbewertung in dem Fach,
- Anzahl und Dauer der Klassenarbeiten,
- Angelegenheiten der Fortbildung in dem Fach,
- fachbezogenen Regelungen für den fachübergreifenden und fächerverbindenden Unterricht (Tipp 48),
- Maßnahmen, die zur Qualitätsentwicklung und Qualitätssicherung des Fachunterrichts dienen.

❯ Tipp 48

Gleich mal ausprobieren

Informieren Sie sich in den Fachkonferenzprotokollen der Sie betreffenden Fächer über bisherige Beschlüsse und Vereinbarungen.

Gute Fachkonferenzen werden gemeinsam vorbereitet, durchgeführt und ausgewertet. Bringen Sie sich als Lehramtsanwärter dabei ein, ohne aufdringlich oder besserwisserisch zu wirken, d.h., übernehmen Sie Aufgaben und Verantwortung. Sie werden einiges dazulernen!

Konferenzen werden durch das Schulgesetz des jeweiligen Bundeslandes geregelt. In Brandenburg beispielsweise bilden Lehrkräfte an Schulen, an denen die Fachkonferenz weniger als drei Lehrkräfte umfasst, überschulische Fachkonferenzen.

27

Mitglieder der Konferenz

Im Rahmen von Klassenkonferenzen werden generell Themen behandelt, die eine bestimmte Klasse oder einzelne Schüler daraus betreffen. Beispielsweise kann es um Zensuren, Versetzungen, Abschlüsse oder auch Ordnungsmaßnahmen gehen. Meist setzt sich die Klassenkonferenz aus allen in der Klasse unterrichtenden Lehrern, eventuell einem betroffenen Schüler, seinen Eltern und zwei Schülervertretern zusammen. Ein Vertreter der Schulleitung wird bei bestimmten Themen hinzugebeten. Genaueres zu den Mitgliedern einer Klassenkonferenz und ihren Aufgabenbereichen wird in den jeweiligen Landesschulgesetzen beschrieben.

Ablauf der Konferenz

Im Schulalltag werden Sie Klassenkonferenzen meist als Zensurenkonferenzen erleben oder auch im Zusammenhang mit Ordnungsmaßnahmen. Wenn Lehrer einer Klasse ein ernstes Problem mit einem Schüler haben und dieser nicht auf die üblichen Ansprachen reagiert oder ein Vorfall besonders schwerwiegend ist, wird meist eine Klassenkonferenz einberufen. Nach der Darstellung des Falls und einer Stellungnahme des betroffenen Schülers wird sich das Gremium über eine Erziehungs- oder Ordnungsmaßnahme beraten. Diese kann der Ausschluss von einem Wandertag sein, die Umsetzung in eine Parallelklasse u. v. m.

Achtung!

Sollten Sie selbst von dem zu besprechenden Fall betroffen sein, müssen Sie sich auf die Klassenkonferenz strukturiert vorbereiten:

- Notieren Sie sich, wann und wie Sie Konflikte mit dem Schüler hatten und welche Maßnahmen Sie jeweils ergriffen haben. Beispielsweise könnten Sie pädagogische Gespräche mit dem Schüler geführt, mit den Eltern telefoniert, Briefe an die Eltern geschrieben haben u. Ä.
- Nehmen Sie Belege mit, z. B. Klassenbucheinträge, Elternbriefe, Telefonprotokolle u. Ä., die Ihre Bemühungen zur Bewältigung des Konflikts verdeutlichen.

28

Grundgesetz, Artikel 7

Schulrecht ist in Deutschland Landesrecht, das Grundgesetz regelt in Artikel 7 lediglich Folgendes:

- Das gesamte Schulwesen steht unter staatlicher Aufsicht, Privatschulen sind unter bestimmten Einschränkungen zulässig.
- Religionsunterricht ist ein ordentliches Lehrfach; die Erziehungsberechtigten entscheiden über die Teilnahme des Schülers; von dieser Regelung ist Bremen ausgenommen.
- Vorschulen bleiben aufgehoben.

Die Schulorganisation in den einzelnen Bundesländern unterscheidet sich letztlich nur in wenigen, meist politisch umstrittenen Einzelheiten (Gesamtschule, Dauer der Schulzeit, Zentralabitur, Förderschule/Integration). In den letzten Jahren lässt sich ein Trend zur Einheitlichkeit ablesen, maßgeblich sind dafür die Vereinbarungen der Kultusministerkonferenz (KMK), die auch die Schulgesetze der jeweiligen Länder herausgibt. Das Bestreben nach europaweit vergleichbaren Qualifikationen wird diesen Trend noch verstärken.

Trend zur bundesweiten Einheitlichkeit

Das Schulrecht eines deutschen Bundeslandes setzt sich aus Verfassungsrecht, Gesetzen, Verordnungen, Erlassen und Richtlinien zusammen. Bindend für Sie sind die Verfassung, das Schulgesetz und das Schulverfassungsgesetz Ihres Bundeslandes sowie diese Gesetze konkretisierende Verordnungen, Erlasse und Richtlinien, Ausführungsvorschriften und Rundschreiben.

Gleich mal ausprobieren

Machen Sie sich mit den Verordnungen vertraut, die Ihre konkrete Arbeit betreffen, in der Regel stammen sie aus den Bereichen Aufsicht, Erziehungs- und Ordnungsmaßnahmen, Klassenarbeiten, Vergleichsarbeiten. Erkundigen Sie sich, wo Sie diese Vorschriften an der Schule einsehen können, bzw. recherchieren Sie im Internet (Suchmaschine oder z. B. unter www.bildungsserver.de oder www.kmk.org).

29

>Tipp 30

Da der Bereich Bildung in Deutschland föderalistisch organisiert ist, hat jedes Bundesland eigene Rahmenlehrpläne für die einzelnen Fächer, die sich zwar an den von der Kultusministerkonferenz formulierten Standards (Tipp 30) orientieren, aber jeweils etwas anders ausgerichtet sind. Einige Bundesländer haben in Bezug auf die Erstellung dieser Pläne jedoch zusammengearbeitet.

Achtung!

Die Orientierung an den jeweils geltenden Rahmenlehrplänen ist verbindlich. Darin ist formuliert, welche Standards Schüler in einem bestimmten Fach bis zu welchem Zeitpunkt erreicht haben müssen.

>Tipp 96

Bei Lehramtsanwärtern wird in besonderem Maße darauf geachtet, dass sie ihre Unterrichtsplanung auf den jeweiligen Rahmenlehrplänen aufbauen: Im Unterrichtsentwurf (Tipp 96) muss ein direkter Bezug hergestellt werden. Es ist also wichtig, dass Sie die Rahmenlehrpläne Ihrer Unterrichtsfächer gut kennen. Besorgen Sie sich möglichst früh eine Druckfassung davon und beschäftigen Sie sich intensiv damit.

>Tipp 31

Insbesondere am Gymnasium spielen wegen des bevorstehenden Abiturs die zu erreichenden Standards (Tipp 31) eine wichtige Rolle.

Kompetenz-
orientierung

In den letzten Jahren sind nahezu alle Rahmenlehrpläne auf Kompetenzorientierung – anstelle von Lernzielorientierung – umgestellt worden. Das bedeutete für viele Kollegen eine große Herausforderung. Insbesondere an weiterführenden Schulen liegt das Hauptaugenmerk der Lehrkräfte häufig noch auf dem Stoff, das Umdenken in Richtung der Vermittlung von Kompetenzen, die die Schüler in ihrer Lebenswelt benötigen, fällt ihnen schwer. Lassen Sie sich davon ebenso wenig irritieren wie von der Tatsache, dass Erinnerungen an die eigene Schulzeit Ihnen nur bedingt weiterhelfen werden. Schule muss sich verändern, wenn sie Schüler erreichen will, d. h., wenn Unterricht wirksam sein soll. Die neuen Rahmenlehrpläne (nach PISA) stellen ein Instrument zur Veränderung von Schule dar und Sie als angehender Lehrer können dabei helfen, Unterricht entsprechend zeitgemäß zu gestalten. Eine detaillierte Kenntnis der für Ihre Fächer geltenden Rahmenlehrpläne ist dafür jedoch unabdingbar. Nehmen Sie sich also gleich zu Beginn Ihrer Ausbildung ausreichend Zeit, sie zu studieren.

SICH AN STANDARDS ORIENTIEREN

30

Es gibt unterschiedliche Standards, z. B. solche im Rahmenlehrplan (Tipp 29) oder auch die in der Ausbildung von Lehrkräften.

> Tipp 29

Standards beziehen sich immer auf Kompetenzen, also auf die Fähigkeit, variable Anforderungssituationen in einem bestimmten Lern- oder Handlungsbereich erfolgreich zu bewältigen (vgl. *Thenort, Heinz-Elmar (2001) (Hrsg.): Kerncurriculum Oberstufe. Mathematik-Deutsch-Englisch. Expertisen im Auftrag der ständigen Konferenz der Kultusminister. Beltz: Weinheim*). Genauer gesagt, beschreiben Standards das Niveau, auf dem eine Kompetenz zu einem bestimmten Zeitpunkt entwickelt sein soll. Bildungsstandards „greifen allgemeine Bildungsziele auf und legen fest, welche Kompetenzen Schüler und Schülerinnen bis zu einer bestimmten Jahrgangsstufe an wesentlichen Inhalten erworben haben sollen. Die Bildungsstandards konzentrieren sich auf Kernbereiche eines Faches und beschreiben erwartete Lernergebnisse" (*KMK, Bonn 2004*).

Begriffsdefinition

In den Rahmenlehrplänen können die Standards stufenbezogen, abschlussbezogen oder eingangsbezogen sein (z. B. in Bezug auf den Übergang zur gymnasialen Oberstufe). Sie sind die Grundlage für vom Lehrer zu erarbeitende Aufgabenformate und helfen damit bei der Organisation von Lernprozessen.

Gleich mal ausprobieren

Stellen Sie sich bei Ihrer nächsten Unterrichtsplanung folgende Fragen:

- Was sollen die Schüler der jeweiligen Klassenstufe in einem bestimmten Fachgebiet können?
- ▶ Tipp 43 Was davon können sie schon (Lernstandsdiagnose, Tipp 43)?
- Welchen Teil der „Lücken" wollen Sie schließen?
- Welcher Inhalt/welches Thema wäre dazu geeignet und für die Lerner interessant?
- Welche Medien und Methoden fördern bei den Schülern den Kompetenzerwerb?
- ▶ Tipp 42 Welche Maßnahmen zur individuellen Förderung können Sie sich vorstellen (Tipp 42)?

Standards erleichtern die Einschätzung des Leistungsstands von Schülern, helfen beim Vergleich von Lernergebnissen und können als Grundlage einer Lernberatung eingesetzt werden.

Auch die Lehrerausbildung wird in einigen Bundesländern an Standards ausgerichtet (vgl. *Handbuch Vorbereitungsdienst, hrsg. von der Senatsverwaltung für Bildung, Wissenschaft und Forschung in Berlin, Referat Lehrerbildung 2008*). Die Entwicklung von Unterrichts-, Beurteilungs- und Erziehungskompetenz steht demnach im Mittelpunkt des Vorbereitungsdienstes.

FACHPLÄNE BERÜCKSICHTIGEN

31

Jeder Fachbereich verfügt über interne Vereinbarungen, die einen Teil der Inhalte und teilweise auch Methoden, welche in dem betreffenden Fach vermittelt werden sollen, regeln. Wenn in dem Bundesland, in dem Sie tätig sind, die Rah-▶ Tipp 29 menlehrpläne (Tipp 29) relativ neu sind, kann es sogar sein, dass dieser Fachplan einen wesentlichen Teil der Unterrichtsinhalte vorgibt, zumindest aber deren Verteilung auf die einzelnen Halbjahre. Diese Absprachen, die möglicherweise auch in einem schulinternen Curriculum nachzulesen sind, stellen das Erreichen der Rahmenlehrplanstandards sicher und zudem wissen alle Kollegen, auf welchen Vorkenntnissen sie aufbauen können, wenn sie eine Lerngruppe neu übernehmen.

Gleich mal ausprobieren

▸ Tipp 14

Lassen Sie sich von den Fachbereichsleitungen (Tipp 14) die Fachpläne für Ihre Unterrichtsfächer geben. Studieren Sie diese genauso intensiv wie die Rahmenlehrpläne und konzipieren Sie Ihren Unterricht auf dieser Grundlage.
Empfehlenswert ist es, den Schülern schriftlich mitzuteilen, was sie im jeweiligen Halbjahr (auf Grundlage des Fachplans) lernen sollen. Erkundigen Sie sich in den Fachbereichen, ob es solche Papiere für die Schülerhand möglicherweise schon gibt.

Raum für eigene Ideen

Keine Sorge, Sie haben trotz aller Standards und Pläne noch genügend Spielraum für eigene Ideen. Allerdings sollte Unterricht in erster Linie so gestaltet werden, dass die Schüler die Chance haben, Standards zu erreichen und damit Kompetenzen zu erwerben.

WANDERTAGE ORGANISIEREN

32

Zu Veranstaltungen, die außerhalb der Schule stattfinden, gehören z. B. Wandertage oder Exkursionen – meist in die nähere Umgebung. Sie können fachliche und überfachliche Inhalte haben und sollten im Unterricht vor- sowie nachbereitet werden.
Sie werden im Laufe Ihrer Ausbildung sicherlich von Klassenlehrern daraufhin angesprochen, ob Sie dazu bereit sind, eine Klasse auf einem Wandertag zu begleiten. Selbstverständlich können Sie dies einem Kollegen, in dessen Klasse sie unterrichten, auch von sich aus anbieten.

Achtung!

Damit die Schüler in ihrer personalen und sozialen Kompetenz gefördert werden, sollte ein Wandertag gut vorbereitet werden:

- Wer bringt was zum Picknick mit?
- Welche Spiele können im Freien gespielt werden und welche Gegenstände werden dafür gebraucht?
- Welche Regeln müssen die Schüler kennen und beachten (z.B. nicht bei Rot über die Straße gehen u.Ä.)?

Sprechen Sie sich mit dem Klassenlehrer genau ab und bereiten Sie den Tag, so weit es geht, mit vor.

Um die Ecke gedacht

Nicht nur die Schüler sollen sich durch eine solche Unternehmung intensiver kennenlernen, um schließlich auch im Unterricht besser zusammenzuarbeiten, auch zwischen Lehrern und Schülern soll diese Annäherung stattfinden! Machen Sie also bei den Spielen mit und nutzen Sie die Gelegenheit, sich mit Ihren Schülern zu unterhalten und sie dabei besser kennenzulernen. Es wird sich positiv auf Ihren Unterricht auswirken!

KLASSENFAHRTEN BEGLEITEN

33

Außerschulische Veranstaltungen, die länger als einen Tag dauern, sind z.B. Klassen- oder Kursfahrten. Die Fahrten müssen als pädagogische Veranstaltungen begründet werden, dürfen also keinem touristischen Zweck oder der Erholung dienen. Sie werden von den Klassenlehrern langfristig vorbereitet:

Gute Vorbereitung
- Die Eltern müssen informiert werden und einverstanden sein (Elternbrief, Elternabend o.Ä.).

❯ Tipp 13
- Die Schulleitung (Tipp 13) und eventuell die Schulaufsicht müssen informiert sein (Anmeldung der Fahrt).

- Eine Organisation zur Durchführung der Fahrt muss gefunden werden – alternativ werden selbst Unterkünfte, eventuell mit Vollpension, gebucht und geeignete Transportmittel (Bus/Bahn) bestellt.
- Die Schüler müssen inhaltlich vorbereitet werden.

Obwohl es sich um eine schulische Veranstaltung handelt, kann es sein, dass nicht alle Schüler einer Klasse mitfahren. Die Eltern können die Zusage z. B. aus religiösen oder finanziellen Gründen verweigern. Es kommt auch vor, dass Schüler vonseiten der Lehrer ausgeschlossen werden, weil sie sich z. B. als nicht zuverlässig erwiesen haben.

Um die Ecke gedacht

Wenn Klassen, in denen Sie unterrichten, auf Fahrt gehen, sollten Sie daran teilnehmen. Ähnlich wie bei Wandertagen (Tipp 32), jedoch noch intensiver, lernen Sie Ihre Schüler so näher kennen – und die Schüler Sie. Dies führt zu einer Verbesserung des Klassenklimas und damit des Lernklimas. Vergessen Sie nicht: Nur wer sich wohlfühlt, lernt gut!

❯ Tipp 32

AUßERSCHULISCHE PARTNER ANSPRECHEN

❯ Tipp 29

34

In den Rahmenlehrplänen aller Fächer (Tipp 29) ist die Zusammenarbeit mit außerschulischen Partnern verankert. Dies ist sinnvoll, damit die Schule sich nach außen öffnet, damit Schüler Einblicke in Lebenszusammenhänge und Lehrkräfte professionelle Unterstützung bekommen. Außerschulische Partner können Institutionen aller Art oder Einzelpersonen sein. Entweder findet die Zusammenarbeit in Form von Exkursionen, also außerhalb der Schule statt, oder die außerschulischen Partner werden in die Schule geholt. Dies kann nur punktuell oder auch ganz regelmäßig erfolgen.

Um die Ecke gedacht

Sicher haben Sie im Laufe Ihres Studiums bzw. in anderen Lebenszusammenhängen interessante Institutionen oder Personen kennengelernt, die das schulische Lernen bereichern könnten. Notieren Sie sich alle Einrichtungen oder Einzelpersonen, die Sie näher kennen oder von denen Sie selbst schon einmal profitiert haben. Dies können z.B. Museen, Bibliotheken, (Kultur-)Einrichtungen aller Art oder Angehörige bestimmter Berufsgruppen sein. Am sinnvollsten ist es, zuerst einmal in der näheren Schulumgebung nach Ansprechpartnern zu suchen; auch Eltern kommen infrage. Überlegen Sie, inwiefern Sie diese in Ihre Unterrichtsplanung einbeziehen können und wie eine Kooperation konkret aussehen könnte. Fragen Sie auch Ihre Kollegen.

Mehraufwand, der sich lohnt

Ohne Zweifel bedeutet die Kooperation mit außerschulischen Partnern für Sie zunächst einen Mehraufwand. Wenn aber eine solche Zusammenarbeit angebahnt ist, werden Sie feststellen, dass nicht nur Ihre Schüler davon profitieren, sondern auch Sie selbst, weil Sie fachlich bzw. inhaltlich dazulernen und Ihr Blick auf die Lerngruppe erweitert wird. Da grundsätzlich langfristige Kooperationen im Sinne von Nachhaltigkeit sinnvoller sind als Einzelprojekte, sollten Sie stets überlegen, wie eine regelmäßige Zusammenarbeit realisiert werden kann.

Achtung!

❯ Tipp 13

Sowohl über Exkursionen als auch über Gäste in Ihrem Unterricht müssen Sie die Schulleitung (Tipp 13) informieren, insbesondere, wenn nicht nur Ihr eigener, sondern auch der Unterricht in anderen Fächern betroffen ist. Wenn Sie überlegen, einen Wander- und Studientag für eine Exkursion oder für die Arbeit mit außerschulischen Partnern in der Schule zu nutzen, sollten Sie dies der Schulleitung möglichst frühzeitig bekanntgeben.

35

Die Frage, wie der Mensch lernt, stand schon immer im Fokus des pädagogischen Interesses, aber erst seit Kurzem kann die Hirnforschung sie wenigstens teilweise mithilfe neuer Geräte, Techniken und Methoden beantworten. Erfahrungen und Lernprozesse hinterlassen im Gehirn sichtbare Spuren, die im kindlichen Gehirn sehr viel massiver und dauerhafter sind als im erwachsenen. Im kindlichen Gehirn werden also schon früh grundlegende Konzepte für späteres Lernen festgelegt, was stets mit emotionalem Erleben verknüpft ist. Die frühkindliche Erziehung ist daher von großer Bedeutung. Jeder Mensch wächst zudem mit einem individuell geprägten Gehirn und daher spezifischem Lernkonzept auf.

Individuelle Lernkonzepte

Lernen ist nicht passive Wissensaufnahme, das Wissen entsteht im Gehirn selbst: Nervenzellen, die synchron erregt werden, bilden miteinander Kontaktstellen aus, sogenannte Synapsen. Durch häufige Nutzung werden diese Kontaktstellen größer. Positive Erfahrungen, z. B. Lernerfolge, optimieren die Hirnfunktionen.

Um die Ecke gedacht

Folgende gehirnbiologische Erkenntnisse sind für das Lernen wichtig:

- Positive Bestärkung fördert das Lernen.
- Auch Stress und Anstrengung gehören zum Lernen, ein Wechsel von Lob und Kritik wirkt anspornend – Angst dagegen ist ein Lernhinderungsgrund.
- Lerner sollten die Möglichkeit haben, nach ihrem individuellen Lernkonzept zu arbeiten.
- Themen und Aufgabenstellungen sollten so offen formuliert werden, dass jeder Lerner sein Interesse und Vorwissen/Können einbringen kann (Tipp 59).
- Besonders fachübergreifendes Lernen ermöglicht das „Andocken" an bekannte Fakten und Erfahrungen; das Gehirn setzt Neues mit Vertrautem in Bezug.

❯ Tipp 59

36

>Tipp 35

Lerntheorien versuchen, zu erklären, wie Lernen funktioniert, und beziehen sich dabei auf naturwissenschaftliche Untersuchungen, besonders solche der Hirnforschung (Tipp 35). Der komplexe Vorgang des Lernens wird dabei auf einfache Prinzipien reduziert. Die wichtigsten lerntheoretischen Ansätze sind der Behaviorismus, der Kognitivismus und der Konstruktivismus, deren zentrale Inhalte im Folgenden kurz dargestellt werden:

Behaviorismus Der Behaviorismus (auch Instruktionalismus) entstand in den 60er-Jahren nach Versuchen zur Konditionierung (Reiz-Reaktions-Modell). In dieser Theorie wird das Gehirn als passiver Behälter gesehen, dem Wissen vermittelt wird. Das Ziel von Unterricht ist es demnach, möglichst viel (Fakten-)Wissen zu übermitteln und es durch Abfragen zu sichern.

Kognitivismus Der Kognitivismus entstand ebenfalls in den 60er-Jahren in Abgrenzung zum Behaviorismus. Diese Theorie versteht Lernen als Prozess des Wahrnehmens, Erkennens, Begreifens, Urteilens und Schlussfolgerns. Das Gehirn wird als Organ angesehen, in dem Wissen und Erfahrungen verarbeitet werden. Das Ziel von Unterricht ist es daher, den Lernern über Problemlösungsprozesse (Fakten-)Wissen zu übermitteln.

Konstruktivismus Die konstruktivistische Lerntheorie basiert auf den neuesten Ergebnissen der Hirnforschung und geht davon aus, dass das Gehirn ein geschlossenes, aktives und sich selbst regulierendes Netzwerk ist. Wissen wird nach dieser Theorie konstruiert und vernetzt. Da dies bei jedem Menschen auf individuelle Art und Weise und aufgrund persönlicher Erfahrungen geschieht, hängt das, was jemand lernt, von ihm selbst und seinen Erfahrungen ab. Das Ziel von Unterricht liegt daher darin, den Lerner in komplexe Lernsituationen zu bringen, in denen er Kompetenzen anwenden und entwickeln kann (Tipp 44).

>Tipp 44

Lerntheorien sind im praktischen Schulalltag von großer Bedeutung, geben sie doch Rückschlüsse auf die Art und das Ziel idealen Unterrichts.

Gleich mal ausprobieren

Sehen Sie sich die Tabelle an und überlegen Sie, welche Hinweise Sie daraus z.B. für Ihr Unterrichtssetting und Ihre Lehrerrolle entnehmen können.

Kategorie	Behaviorismus	Kognitivismus	Konstruktivismus
Hirn ist ein	passiver Behälter	informationsverarbeitendes Gerät	informationell geschlossenes System
Wissen wird	abgelagert	verarbeitet	konstruiert
Wissen ist	eine korrekte Input-Output-Relation	ein adäquater interner Verarbeitungsprozess	mit der Situation operieren zu können
Lernziele	richtige Antworten	richtige Methoden zur Antwortfindung	komplexe Situationen bewältigen
Strategie	lehren	beobachten und helfen	kooperieren
Lehrer ist	Autorität	Tutor	Coach
Feedback	extern vorgegeben	extern modelliert	intern modelliert
Interaktion	starr vorgegeben	dynamisch in Abhängigkeit zum externen Lernmodell	selbstreferentiell, zirkulär, strukturdeterminiert (autonom)

(Tabelle gekürzt nach: *Baumgartner, Peter/Payr, Sabine (1994): Lernen mit Software, Studien Verlag: Innsbruck.*)

37

> Tipp 35
und 36

Bildungstheoretische Didaktik

Konstruktivistische Didaktik

> Tipp 70

> Tipp 81 und 82

Die Didaktik beschäftigt sich mit der Theorie und Praxis des Lehrens und Lernens. Didaktiken entwickeln sich aus Lerntheorien, neuerdings auch aufgrund aktueller Entdeckungen der Hirnforschung (Tipp 35 und 36). Gegenwärtig werden die sogenannte bildungstheoretische und die konstruktivistische Didaktik genutzt.

Wichtigster Vertreter der bildungstheoretischen Didaktik ist Wolfgang Klafki. Aus seinem didaktischen Modell werden Sie vor allem die didaktische Analyse kennenlernen und nutzen, in der die strukturellen Elemente und Entscheidungen des Unterrichts begründet werden.

In der konstruktivistischen Didaktik geht man davon aus, dass im Prozess der Wahrnehmung eine subjektive Realität konstruiert und an bisher Erfahrenes angepasst wird. Wissen kann also jeder nur für sich selbst erwerben und konstruieren. Im Mittelpunkt steht das Lernsetting – eine anregende Lernumgebung mit motivierenden Materialien (Tipp 70) und komplexen Problemlösungsmöglichkeiten, die sowohl subjektive Erfahrungsbereiche des Lerners anspricht als auch Möglichkeiten der selbstständigen Problembearbeitung (Tipp 81 und 82) enthält.

Um die Ecke gedacht

Stellen Sie sich zwei Unterrichtsstunden im Vergleich vor:

- Im ersten Fall wird die Stunde vom Lehrer aus gedacht: Er bestimmt den Stoff, überlegt sich die Methoden, plant den Zeitaufwand usw. Diese Konstellation würde der bildungstheoretischen Didaktik entsprechen.

- Im zweiten Fall wird die Stunde vom Schüler aus gedacht: Er entscheidet sich für ein Thema oder bestimmt es mit, er wählt Methoden und Techniken aus, mit denen er arbeiten will, plant den Zeitaufwand usw. Hier käme die konstruktivistische Didaktik zum Tragen.

Die folgenden Grafiken veranschaulichen die unterschiedlichen Ansätze.

Didaktische Dreiecke

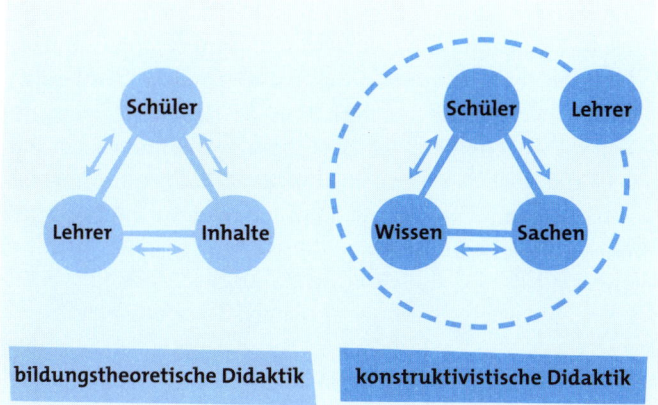

(nach: *Klinger, Udo (2005): Mit Bildungsstandards Unterrichts- und Schulqualität entwickeln, in: Friedrich Jahresheft XXIII, S.135.*)

❱ Tipp 37

FACHDIDAKTIK ANWENDEN

38

Fachdidaktiken richten sich nach Modellen der allgemeinen Didaktik (Tipp 37), sie sind deren Konkretisierung für ein bestimmtes Fach oder eine Fächergruppe. Hinter der Fachdidaktik stehen eine oder mehrere Fachwissenschaften, aus denen bedeutsame Inhalte ausgewählt werden, die für eine bestimmte Lernergruppe (Grundschule, Sekundarstufe) kompatibel gemacht werden. Zusammen mit der Auswahl zugehöriger Medien und Methoden entstehen daraus Unterrichtseinheiten bzw. Halbjahresplanungen. Unterrichtsmaterialien, Bücher, Lehrerhilfen o.Ä. orientieren sich meist an bestimmten Fachdidaktiken. Im Allgemeinen hat man die Auswahl zwischen mehreren verschiedenen Fachdidaktiken, die für jeweils unterschiedliche Unterrichtsintentionen sinnvoll sein können. Es gibt, je nach Konzept, abweichende Vorstellungen hinsichtlich der Lehrerrolle, Schülerselbsttätigkeit, Methoden usw.

Gleich mal ausprobieren

Informieren Sie sich über verschiedene fachdidaktische Konzepte. Sie bekommen in Ihren Seminaren entsprechende Literaturlisten und können sich darüber hinaus auch eigenständig im Internet weiterbilden. So haben Sie nicht nur einen theoretischen Überblick, sondern können auch entscheiden, welches Konzept für Sie und Ihre Lerngruppe passen könnte und an welchen Kompetenzen Sie diesbezüglich noch arbeiten müssen.

THEORIE UND PRAXIS VERBINDEN

39

› Tipp 37 und 38

› Tipp 35

Theoretische Erkenntnisse relevant für Unterrichtsalltag

In der Schule angekommen, erscheint Ihnen die Beschäftigung mit allgemein- oder fachdidaktischen Fragen (Tipp 37 und 38) bzw. mit Ergebnissen der Hirnforschung (Tipp 35) vielleicht überflüssig, weil Wissen in diesen Bereichen nur indirekt für den Unterricht brauchbar ist. Stattdessen wünschen Sie sich praktische Hilfestellungen, am besten „Rezepte" zur Bewältigung der im Schulalltag auftretenden Probleme. Sie können aber sicher sein, dass alle Themen Ihrer Ausbildung einen Zusammenhang mit der Unterrichtspraxis haben, auch wenn sie nicht eins zu eins anwendbar sind.

Um die Ecke gedacht

Sie werden viele Jahre Ihres Lebens mit und in der Schule verbringen. Nach der Ausbildung wird Sie aber so schnell niemand mehr im Unterricht beraten oder Ihnen die Beschäftigung mit pädagogischen und didaktischen Grundfragen abverlangen. Versuchen Sie, angesichts der Tatsache, wie komplex das System Schule ist, wie viele Möglichkeiten des Unterrichtens es gibt und wie stark gesellschaftliche Fragen in die Schule hineinwirken, daher jetzt möglichst offen und neugierig auch das zu lernen, was Ihnen zunächst allzu theoretisch erscheint. Irgendwann werden Sie Ihre Kenntnisse konkret nutzen können.

Achtung!

Im Gespräch der Staatsexamensprüfung (Tipp 99) wird auch Theorie eine Rolle spielen, die Sie dann auf die Unterrichtspraxis beziehen sollen. Überlegen Sie rechtzeitig, welche Themen Sie besonders interessieren und auf welche Sie sich im Vorfeld mit dem Prüfer verständigen möchten.

❯ Tipp 99

HANDREICHUNGEN NUTZEN

40

Die Bildungsministerien und Senatsschulverwaltungen der Bundesländer geben laufend Veröffentlichungen zur Unterrichtsentwicklung heraus. Dabei wird mit Bildungsinstitutionen und Qualitätssicherungsinstituten zusammengearbeitet. Diese Materialien entstehen unter Mitarbeit von Lehrern, die neue Wege der Unterrichtspraxis erproben. Sie sind überaus brauchbar, weil sie meistens Theorie und Praxis innovativen Unterrichts verbinden (Tipp 39). Die Bildungsinstitutionen der einzelnen Bundesländer stellen ihre Materialien auf den jeweiligen Bildungsservern online zur Verfügung. Häufig kann man die Veröffentlichungen auch bei den Instituten als kostenlose oder preiswerte Printfassungen anfordern. Die Landschaft der Bildungsinstitutionen und ihrer Server ist etwas unübersichtlich und kontinuierlich in Veränderung begriffen, aber generell eine gute Fundgrube.

❯ Tipp 39

Hinweise von Praktikern

Gleich mal ausprobieren

Geben Sie im Internet als Suchbegriff ein Stichwort zur Unterrichtsentwicklung ein, das Sie gerade beschäftigt. Öffnen Sie insbesondere die Links zu den Bildungsservern verschiedener Bundesländer. Wenn Sie in den Texten lesen, werden Sie schnell herausfinden, auf welche Quellen immer wieder Bezug genommen wird. Forschen Sie danach, damit Sie Materialien aus erster Hand kennenlernen.

41 IM STRESS NICHT ALLES VERGESSEN

Schon bald werden Sie beim Unterrichten die Erfahrung machen, dass man in stressbedingten Spontansituationen meist auf alte, vielleicht sogar in Kindheit und Jugend angeeignete Handlungsmuster ausweicht, anstatt die neuen, z. B. in der Lehrerausbildung gelernten einzusetzen – zumindest solange diese noch nicht internalisiert sind.

Gewünschte Handlungsmuster internalisieren

Aber wie gelingt eine solche Internalisierung? Wie kann man verändertes Denken in verändertes Handeln umwandeln? Prof. Dr. Diethelm Wahl hat hierzu eine Theorie entwickelt (vgl. *Wahl, Diethelm (2006): Lernumgebungen erfolgreich gestalten, Verlag Julius Klinkhardt: Bad Heilbrunn*):

1. Schritt: durch Selbstbeobachtung und Selbstreflexion die alten handlungssteuernden Strukturen bei sich selbst aufdecken und bearbeitbar machen.

2. Schritt: neue Problemlösungen kennenlernen.

3. Schritt: neues Handeln in Gang bringen, indem man Erfahrungen damit macht und sie wiederholt.

Diesen dritten Schritt kann man weiter unterteilen in:
- konkrete Vorstellungen von verändertem Handeln gewinnen durch Lernen am Modell,
- Handlungen planen,
- Handlungen ausführen lernen in Rollenspielen o. Ä.,
- Handlungen durch geplantes Agieren erproben,
- Handlungen durch Praxistandems o. Ä. zu einem festen Handlungsrepertoire machen.

Gleich mal ausprobieren

❯Tipp 68

Wenn Sie z.B. auf Unterrichtsstörungen (Tipp 68) kompetenter reagieren wollen, überprüfen Sie im ersten Schritt der o.g. Selbstbeobachtung die Innen- und Außensicht.
- Außensicht: Welche Störungen sind bisher vorgekommen? Wie oft? Wie habe ich darauf reagiert?
- Innensicht: Wie habe ich mich gefühlt? Welche Störungen sind für mich schlimmer als andere? Wie habe ich reagiert, wie ich es im Seminar gelernt habe, wie ich es bei Kollegen gesehen habe oder wie ich es als Schüler erlebt habe?

42

In den letzten Jahren ist der Aspekt der individuellen Förderung jedes einzelnen Schülers durch Gesetze und neue Rahmenlehrpläne besonders herausgestrichen worden. Angesichts meist großer Lerngruppen ist dies jedoch ein hoher Anspruch, der nur umgesetzt werden kann, wenn im Unterricht der traditionelle „Gleichschritt" zugunsten individueller Lernprozesse verändert wird.

SOS-Tipp

Lassen Sie sich von Ihren ersten Unterrichtserfahrungen und von Stimmen der Kollegen, man könne bei 30 Schülern in einer Klasse nicht individuell fördern, nicht entmutigen. Sie werden in Ihrer Ausbildung Möglichkeiten der Individualisierung kennenlernen, die Sie auch umsetzen können. Veröffentlichungen belegen zudem an Praxisbeispielen, dass individuelles Fördern möglich ist.

Achtung!

Individuelle Förderung von Schülern kann nur dann funktionieren, wenn Sie von vornherein lehrerzentrierten Unterricht vermeiden. Achten Sie darauf, Ihren Schülern ein möglichst hohes Maß an Aktivität abzuverlangen – ohne sie zu überfordern. Schüler müssen lernen, die Verantwortung für ihr Lernen zu übernehmen.

Gleich mal ausprobieren

Konzipieren Sie für Ihre Lerngruppe eine Aufgabe, die möglichst offen formuliert ist, sodass jeder Schüler bei der Bearbeitung einen eigenen Schwerpunkt setzen kann (Tipp 43). ❯ Tipp 43 Hierbei sollten die Schüler an individuelle Lebenswelterfahrungen anknüpfen können. Lassen Sie sie begleitend Notizen machen, wie sie ihren Arbeitsprozess gestalten wollen. Lesen Sie diese Notizen und geben Sie schriftlich oder im persönlichen Gespräch Rückmeldung, an welcher Stelle in welche Richtung weitergearbeitet werden sollte.

Um Schüler individuell fördern zu können, muss man als Lehrkraft die Rahmenlehrpläne und damit die zu erreichenden Standards gut kennen (Tipp 29 und 30), über ein umfangreiches Methodenrepertoire verfügen und psychologisches Einfühlungsvermögen besitzen. Viele Lehrer haben Schwierigkeiten damit, ihre zentrale Rolle im Unterricht aufzugeben und sich stattdessen als Lernberater zu verstehen, dessen Aufgabe in der Unterstützung individueller Lernprozesse besteht. Insbesondere an Gymnasien wird häufig noch zu sehr vom Stoff her und weniger vom Schüler aus gedacht. Als Lehramtsanwärter können Sie in dieser Hinsicht frischen Wind an die Schule bringen!

❯ Tipp 29 und 30

Der Lehrer als Lernberater

43 LERNSTÄNDE DIAGNOSTIZIEREN

❯ Tipp 42 Um individuell fördern zu können (Tipp 42), muss der Lehrer einen Überblick über die Kenntnisse, Fertigkeiten und Fähigkeiten eines jeden Schülers haben. Nur so kann er einschätzen, in welcher Hinsicht der Einzelne Unterstützung braucht, damit er die gesetzten Standards erreicht.

Gleich mal ausprobieren

Stellen Sie zusammen, welche Kompetenzfelder für Ihr Unterrichtsfach definiert sind – Sie finden sie in den Rahmenlehrplänen als Standards (Tipp 29, 30 und 31). Für manche Fächer existiert auch schon eine „Diagnosematrix", in der diese Felder vorgegeben sind. Legen Sie dann eine Tabelle an, in der Sie sich zu jedem einzelnen Schüler der Lerngruppe Notizen hinsichtlich der verschiedenen Kompetenzfelder machen können.

❯ Tipp 29, 30 und 31

Im Rahmen einer Unterrichtsstunde können Sie jedoch unmöglich den Lernstand aller Schüler einer Klasse definieren. Legen Sie also vorher fest, welche Schüler Sie im Verlauf einer bestimmten Stunde genauer beobachten wollen. Dies können fünf bis sechs Schüler pro Unterrichtsstunde sein. Nehmen Sie sich diesbezüglich allerdings nicht zu viel vor!

SOS-Tipp

Wenn Sie sich von der anspruchsvollen Aufgabe der Schülerbeobachtung im laufenden Unterricht überfordert fühlen, stellen Sie gleich zu Stundenbeginn eine Aufgabe, deren Lösungen Sie zu Hause in Ruhe durchsehen können. Es kann beispielsweise ein Text ausgeben werden, den die Schüler lesen und zu dem sie Fragen beantworten sollen. Die Ergebnisse lassen erkennen, auf welchem Stand die einzelnen Schüler bezüglich des Leseverständnisses (Tipp 84), der Darstellung von Zusammenhängen und der sprachlichen Gestaltung von Texten sind (Tipp 85).

❯ Tipp 84
❯ Tipp 85

Achtung!

Der Umgang mit einer neuen Lerngruppe stellt immer wieder eine Herausforderung dar und es dauert einige Zeit, bis man die individuellen Voraussetzungen der Schüler kennt. Nutzen Sie daher von Anfang an auch die Möglichkeit der Selbsteinschätzung von Schülern (Tipp 46).

❯ Tipp 46

KOMPETENZORIENTIERTE AUFGABEN

In den standardbasierten Rahmenlehrplänen (Tipp 29) geht es im Gegensatz zur reinen Wissensvermittlung um Kompetenzerwerb (Tipp 30). Zentrale Steuerungsinstrumente eines kompetenzorientierten Unterrichts sind kompetenzfördernde Aufgaben. Diese weisen u. a. folgende Merkmale auf (vgl. *Kleinschmidt-Bräutigam, Mascha u. a. (2008): Manual zur individuellen Förderung in der Sekundarstufe I, LISUM Berlin-Brandenburg*):

❯ Tipp 29
❯ Tipp 30

▬ Sie sind anwendungsbezogen und lebensbedeutsam.

▬ Sie knüpfen an die Erfahrungen und Interessen der Schüler an.

▬ Sie greifen vorhandenes Wissen aus unterschiedlichen Lernbereichen auf.

Merkmale

- Zur Lösung kann auf vorhandene Fertigkeiten, Strategien und Lernerfahrungen zurückgegriffen werden.
- Unterschiedliche Lösungswege sind möglich – auch auf verschiedenen Niveaus.
- Sie fördern eigenverantwortliches Arbeiten wie die selbstständige Beschaffung von Informationen und Materialien.
- Arbeitsprozesse und -ergebnisse werden präsentiert.
- Lösungswege werden reflektiert und Fehler als Chance genutzt.
- Sie fördern Kommunikation und Kooperation.

Gleich mal ausprobieren

Nehmen Sie eine Aufgabe, die Sie für die nächste Stunde konzipiert haben, unter die Lupe und überprüfen Sie, welche kompetenzfördernden Anforderungen sie erfüllt. Welche der o. g. Merkmale sind nicht berücksichtigt? Können Sie die Aufgabe so öffnen, dass sie noch besser geeignet ist, Kompetenzerwerb individuell zu fördern?

LERNVEREINBARUNGEN TREFFEN

45

› Tipp 44

Wenn Schüler im kompetenzorientierten Unterricht (Tipp 44) selbstständig ihre eigenen Arbeitsvorhaben realisieren, befinden sie sich in einer Lernprozessphase, in der Leistungen zunächst nicht bewertet werden. Der Lehrer wird in dieser Phase stattdessen zum individuellen Lernberater. Er beobachtet Sozialverhalten bzw. Arbeitsstrategien und gibt Rückmeldung in Form von Tipps, Anregungen, konstruktiver Kritik sowie der Bestätigung von Stärken. Diese Rückmeldungen helfen den Schülern, ihr Lernen zu verbessern. Man sollte die Schüler in dieser Rückmeldesituation aber auch zur Selbsteinschätzung auffordern. In einem Lern-Logbuch können Stärken, Ziele, Tipps und Vereinbarungen schriftlich festgehalten werden. Im Folgenden finden Sie ein Beispiel, wie eine Seite aus solch einem Lern-Logbuch aussehen kann.

Beispielseite aus einem Lern-Logbuch

> DAS SIND MEINE STÄRKEN:
> Ich habe gute Ideen und kann sie mit etwas Hilfe umsetzen.
>
> DAS MÖCHTE ICH ERREICHEN:
> Ich möchte meine Arbeit gut beenden und sie in meiner Gruppe präsentieren.
>
> LERNTIPP MEINES LEHRERS: Halte unsere Regeln ein!
>
> LERNVEREINBARUNG
> ZWISCHEN Max Stien UND Frau Steinhäuser
> (SCHÜLER)   (LEHRER)
>
> ZEITRAUM:
> von heute (21.9.) bis zu den Herbstferien (16.10.)
>
> WIR VEREINBAREN, DASS DIESE REGELN EINGEHALTEN WERDEN:
> Wenn ich etwas sagen möchte, melde ich mich. Ich bin freundlich zu den anderen.
>
> 21.9.   Max Stien   (SCHÜLER)
> 21.9.   Stien   (ELTERN)
> 21.9.   Steinhäus   (LEHRER)

MIT KOMPETENZRASTERN ARBEITEN

46

Oft kennen Schüler die Standards oder Kriterien, nach denen sie bewertet werden, nicht. Damit wird die Chance verpasst, sie zur Selbststeuerung zu führen. Eine Möglichkeit zur Transparenz sind die sogenannten Kompetenzraster, die seit einiger Zeit in vielen Fächern erarbeitet werden. Sie ermöglichen es Schülern, ihren Leistungsstand festzustellen und den eigenen Lernfortschritt zu planen.

Bewertungs-
kriterien für
Schüler transpa-
rent machen

Kompetenzraster

Jeder Schritt ein Fort-Schritt Wie gut?			
	Niveaustufe 1	Niveaustufe 2	Niveaustufe 3
Was?			

(nach: *B. Jankofsky, LISUM Berlin.*)

Kompetenzraster bilden das Curriculum als Matrix ab. In der Vertikalen werden Kriterien aufgeführt, die einen Lernbereich inhaltlich bestimmen (Was?). In der Horizontalen werden zu jedem Kriterium Niveaustufen festgelegt (Wie gut?). Kompetenzraster beschreiben in „Ich-kann"-Formulierungen den Weg von einfachen Fähigkeiten und Grundkenntnissen hin zu komplexen Fähigkeitsstufen, z. B.:

	Niveaustufe 1	Niveaustufe 2	Niveaustufe 3
Mit Partnern und in Gruppen arbeiten	Ich kann unsere Regeln der Zusammenarbeit nennen.	Ich kann unsere Regeln der Zusammenarbeit einhalten.	Ich kann (mit anderen) eigene Regeln der Zusammenarbeit festlegen, um zu einem guten Ergebnis zu kommen.

Die Arbeitsergebnisse der Schüler werden nun laufend in Bezug zu den Referenzwerten im Raster gebracht. Denkbar ist es z. B., den aktuellen Stand durch farbige Klebepunkte in den Feldern zu dokumentieren. So entsteht mit der Zeit ein individuelles und differenziertes Kompetenzprofil.

Gleich mal ausprobieren

Besorgen Sie sich bereits existierende Kompetenzraster für Ihr Fach, prüfen Sie die Brauchbarkeit für Ihren Unterricht und ändern Sie sie ggf. ab. Besprechen Sie das Raster mit den Schülern und händigen Sie jedem sein Kompetenzraster aus. Vereinbaren Sie auch einen Ort zur Aufbewahrung, beispiels-

> weise immer sichtbar am Arbeitsplatz der Lernenden ange-
> bracht. Wenn Sie nun konsequent damit arbeiten, haben Sie
> jederzeit im Blick, was ein Schüler an Lernnachweisen er-
> bracht hat. Die Lernenden selbst sehen außerdem, wo sie
> stehen und welche die nächsten Schritte sind.

MIT EINEM PORTFOLIO ARBEITEN

47

Portfolioarbeit ist derzeit ein zentraler Baustein der Unterrichtsentwicklung. Der Begriff kommt aus dem Italienischen
und heißt übersetzt: „Trag das Blatt." Das Portfolio ist generell eine Art Mappe, in der die Schüler selbst erstellte Produkte als Belege ihrer Arbeit sammeln. Es soll ihre Lernergebnisse und Lernprozesse dokumentieren und enthält
sowohl Arbeitsergebnisse, die von der Schule gefordert werden, als auch solche, die auf Initiative der Schüler (eventuell außerhalb des Unterrichts) entstehen, sowie Kommentare des Lehrers und Reflexionen der Lerner. Es gibt eine
Vielzahl verschiedener Formen von Portfolios, z. B. Projekt-
portfolio, Lernentwicklungsportfolio oder Präsentations-
portfolio. Für die Erstellung eines Portfolios werden in der
Regel gemeinsam Ziele und Kriterien formuliert, an denen
sich die Schüler orientieren können. Ein wichtiges Kriterium ist die Reflexion. Die Lerner füllen hierbei z. B. ein Deckblatt aus, auf dem sie ihre Arbeit und den Lerneffekt einschätzen, oder legen angeleitete (Reflexionsbogen) oder
selbstständig formulierte Reflexionen bei.

Reflexion der Schüler

Achtung!

> Wenn die Schüler anhand der Portfolioarbeit lernen sol-
> len, müssen sie auch die Möglichkeit der Überarbeitung
> haben. Dies geschieht über Lehrerrückmeldungen (schrift-
> liche Rückmeldungen, Gespräche) und eigene Erkenntnis-
> se bei der Reflexion. Planen Sie also regelmäßiges Feed-
> back und genügend Zeit für Überarbeitungen ein.

Gleich mal ausprobieren

Geben Sie Ihren Schülern anhand folgender Fragen Hilfen zur Selbstreflexion:

- Wie bin ich vorgegangen? (Methode)
- Was ist mir gut gelungen? (Lernerfolg)
- Was kann ich jetzt besser als vorher? (Lernzuwachs)
- Was hat mir Spaß gemacht? (Lernfreude)
- Wo hatte ich Schwierigkeiten? (Lernprobleme)
- Woran will ich das nächste Mal denken? (Lernstrategie)

Die Arbeit mit dem Portfolio ermöglicht es, verschiedene (z. B. reflexive) Leistungsarten anzuerkennen und zu bewerten, kontinuierlich über Leistungen zu kommunizieren und dabei Qualitätsmerkmale und Urteile herauszuarbeiten. Anhand von Portfolios finden somit Gespräche über Lernen und Leistung statt, mit dem einzelnen Schüler, den Eltern ❯ Tipp 11 (Tipp 11) und der ganzen Lerngruppe.

FACHÜBERGREIFEND UNTERRICHTEN

48

Definition

Im fachübergreifenden Unterricht werden in einem bestimmten Fach und in Bezug auf ein Thema Beiträge aus anderen Fächern integriert. Im fächerverbindenden Unterricht dagegen wird in mehreren Fächern zu einem bestimmten Thema parallel oder gemeinsam gearbeitet.

Fachübergreifendes oder fächerverbindendes Arbeiten kann auf unterschiedlichen Wegen geschehen. Das Unterrichtsthema kann über die engen Grenzen eines Faches hinausgehen, es können sich mehrere Fächer beteiligen oder die schulische Organisation sieht einen Lernbereich vor, beispielsweise den Lernbereich Naturwissenschaften, kulturelle Bildung o. Ä.

Es hängt weitgehend von den schulischen Rahmenbedingungen ab, ob Fachlehrer für einen begrenzten Zeitraum zusammenarbeiten oder mehrere Fächer sich z. B. an einem Projekt beteiligen.

Fachübergreifendes Lernen und mehr noch fächerverbindendes Lernen führen zu einer ganzheitlichen Betrachtung
der Wirklichkeit, die von den einzelnen Fächern sonst nur
in Ausschnitten aufgegriffen wird. In Bezug auf das konstruktivistische Lernmodell (Tipp 36) haben die Lerner so
Möglichkeiten, Vorwissen einzubringen und neues Wissen
an bereits vorhandene Kenntnisse anzugliedern.

Für Sie als Unterrichtenden hat die Zusammenarbeit mit
anderen Kollegen natürlich auch große Vorteile, z. B. hinsichtlich der Arbeitsaufteilung.

Ganzheitliche
Betrachtung der
Wirklichkeit

❯ Tipp 36

Gleich mal ausprobieren

Überlegen Sie sich, wenn Sie einen Entwurf für ein langfristig geplantes Unterrichtsvorhaben schreiben, besonders im
Rahmen der Sachanalyse bzw. des inhaltlichen Schwer-
punkts, welche Inhalte über Ihr Fach hinausgehen und andere Fächer tangieren könnten.

Schlagen Sie den infrage kommenden Kollegen eine thema-
tisch und zeitlich begrenzte Zusammenarbeit vor. Durch Arbeitsaufteilung, gemeinsame Bestellung und Nutzung von
Medien, größere Schülermotivation usw. können sich Vorteile für alle Beteiligten ergeben.

49

Ziel kooperativen Lernens ist es, dass Schüler Eigenverant-
wortung für selbstständige Gruppen- und Lernprozesse entwickeln, die mindestens ebenso wichtig sind wie die Ergebnisse. Der Lehrer organisiert, moderiert und berät den
Lernprozess. Er muss zuhören, abwarten, Tipps zur Selbst-
hilfe geben sowie Lernumwege und Irrwege akzeptieren.

Bei der Organisation von Gruppenarbeit sind zunächst folgende Aspekte zu bedenken:

- Partnerarbeit ist die dichteste Form der Zusammenarbeit
  und sollte idealerweise der Einführung von Gruppenarbeit vorausgehen.

Gruppengröße

- Je größer die Gruppe, desto erfahrener muss sie in der Gruppenarbeit sein.
- Komplexe Aufgaben erfordern vielfältige Kompetenzen, also größere Gruppen.
- Je kürzer die Arbeitszeit, desto kleiner sollte die Gruppe sein.

Gruppenbildung
- Gruppenbildung kann nach Sympathie, nach Interesse (wenn die Aufgaben für die Gruppen unterschiedlich sind), nach Zufallsverfahren sowie nach schon bestehenden Sitzgruppen erfolgen oder vom Lehrer gezielt vorgenommen werden. Im Allgemeinen sind heterogene Gruppen (bezüglich Geschlecht, Kultur, Religion, Lernstil, Leistungsfähigkeit) für alle bereichernder, allerdings können Spannungen, z. B. zwischen Jungen und Mädchen, den Lernprozess auch bremsen. In heterogenen Leistungsgruppen lernen schwächere Schüler besser.

Räumlichkeiten
- Der Raum muss so vorbereitet sein, dass die Gruppen sich nicht gegenseitig stören und die Mitglieder einer Gruppe
❯ Tipp 18
nah beieinander sind (Tipp 18).

Gruppenarbeit kann aufgabengleich (alle Gruppen haben dieselbe Aufgabe) oder aufgabenverschieden organisiert sein. In einer Gruppe kann arbeitsgleich oder arbeitsteilig gearbeitet werden, d. h., dass entweder alle Gruppenmitglieder in derselben Weise an der Aufgabe arbeiten oder die Arbeit in der Gruppe aufgeteilt wird. Es hat sich bewährt, **Rollen innerhalb der Gruppe** in jeder Gruppe Rollen zu verteilen, die den Gruppenprozess im Auge behalten: einen Gesprächsleiter, einen Schreiber, einen Zeitwächter und einen Gruppensprecher, der das Gruppenergebnis präsentiert, falls dieses nicht von der Gruppe gemeinsam vorgestellt wird.

Jede Gruppenarbeit erfordert einen strukturierten Arbeitsauftrag mit Erwartungshorizont und festgelegtem Zeitrahmen. Der Auftrag bezieht sich auf den Inhalt der Arbeit und das erwartete Zusammenwirken in der Gruppe. Er muss jeder Gruppe schriftlich vorliegen.

Der Lehrer muss während der Gruppenarbeit spürbar präsent sein, damit die Schüler bei der Sache bleiben.

Ihre Ergebnisse stellen alle Gruppen in einer Präsentation vor. Die einzelnen Präsentationen werden vom Plenum gewürdigt und ggf. bewertet. Es sollte im Rahmen der Bewertung auch die Gruppenzusammenarbeit eingeschätzt werden, z. B. anhand eines Kriterienkatalogs.

Gleich mal ausprobieren

Nehmen Sie sich anfangs nicht zu viel vor! Beginnen Sie mit kurzen Gruppenarbeitsphasen in kleinen Gruppen. Bereiten Sie dafür einfache, gut überschaubare Arbeitsaufträge vor und achten Sie besonders auf die Gruppenprozesse.

IN ALLEN FÄCHERN SPRACHE FÖRDERN

50

In sozialen Brennpunkten haben nicht nur Kinder nichtdeutscher Herkunftssprache einen Sprachförderbedarf, sondern in zunehmendem Maße auch solche aus deutschen Familien. Die Sprachförderung ist ein Anliegen, das heute nicht mehr ausschließlich an den Deutsch- und DaZ-Unterricht (Deutsch als Zweitsprache) delegiert wird, sondern es werden alle Fächer in die Verantwortung genommen. Für die Lehrkräfte bedeutet dies, dass ihr Unterricht einerseits sprachbewusst und andererseits sprachintensiv sein muss. Der Lehrer ist Sprachvorbild, er sollte deutlich, richtig und in ganzen Sätzen auf dem Verständnisniveau der Schüler sprechen. Die Schüler müssen aber vor allem die Erfahrung machen, dass sie sich selbst, die anderen und die Welt durch Sprache besser kennenlernen können und dass Denken erst durch Sprechen „sichtbar" wird. Begleiten Sie Ihr Tun durch „lautes Denken" und leiten Sie auch die Schüler dazu an. In einem sprachintensiven Unterricht haben Schüler hohe Sprechanteile, lernen in kooperativen Lernformen (Tipp 49) miteinander und voneinander, organisieren gemeinsam Arbeitsabläufe und finden im Team Lösungen. Lernwege werden reflektiert, Ergebnisse präsentiert, wertgeschätzt, diskutiert und gemeinsam bewertet.

Der Lehrer als Sprachvorbild

❯ Tipp 49

❯Tipp 84

Ein sprachbewusster Unterricht stellt Sprech- und Verständnishilfen bereit. Schüler brauchen solche Hilfen, um z.B. neue Wörter zu lernen, Fachbegriffe zu erarbeiten, Sätze zu bilden und Texte zu erschließen (Tipp 84). Wortschatz muss systematisch geübt werden, er muss bild- oder objektgestützt präsent sein – etwa durch Wortkarten an den betreffenden Objekten im Raum, thematische Wörterkarteien sowie Wortschatzspiele zum Üben. Sprachlernen ist zudem immer an Sachlernen gebunden und sollte daher anhand interessanter Inhalte stattfinden.

Neben dem Fachwortschatz hat jedes Fach auch typische Satzkonstruktionen, die häufig vorkommen. Auch diese benötigen die Schüler in schriftlicher Form zum Nachschauen. Geben Sie ihnen für Präsentationen übersichtliche Satzbausteine als Sprechhilfen an die Hand und achten Sie bei geübten Formulierungen konsequent auf Sprachrichtigkeit.

Achtung!

Wenn es nicht um bereits geübte Konstruktionen geht, sollten Sie die Schüler nicht korrigieren. Der Inhalt ist wichtiger als die sprachliche Richtigkeit. Führen Sie ihn richtig weiter – wie dies z.B. eine Mutter tut. Wenn das Kind sagt: „Da Papa!", wird sie nicht korrigieren: „Es heißt, da ist Papa!", sondern vielleicht fragen: „Wo ist Papa?". Modellieren, statt korrigieren lautet die Devise!

PRÄSENTIEREN ÜBEN

51

Präsentationen spielen im schulischen Kontext eine zentrale Rolle. Das hat einerseits damit zu tun, dass Schüler zunehmend selbstständig arbeiten und ihre individuellen Arbeitsergebnisse vorstellen sollen, andererseits sind Präsentationen auch im späteren Ausbildungs- und Berufsleben wichtig. Schüler müssen also lernen, Erarbeitetes anderen überzeugend zu vermitteln. Gruppenpräsentationen schulen darüber hinaus die soziale Kompetenz (Tipp 60).

❯Tipp 60

Spätestens im Mittleren Schulabschluss (Tipp 91) und im Abitur (Tipp 92) müssen Schüler angemessen präsentieren können.

❯ Tipp 91
❯ Tipp 92

Gleich mal ausprobieren

Planen Sie für Ihre nächste Stunde oder die nächste Lernein-heit kurze Schülerpräsentationen ein. Dies bietet sich an, wenn die Schüler z.B. selbstständig recherchiert haben. Zu-vor muss aber besprochen werden, wie eine solche Präsen-tation aussehen soll. Am besten, Sie greifen auf eine der vie-len Checklisten für gute Präsentationen zurück, die in den Schulen bzw. in entsprechenden Büchern verfügbar sind.

Achtung!

Für Präsentationen müssen Sie Zeit einplanen! Überschla-gen Sie, wie viele Schüler präsentieren sollen, und berech-nen Sie – je nach Komplexität der Inhalte – mindestens drei Minuten für eine Kurzpräsentation. Berücksichtigen Sie auch die Zeit, die Schüler brauchen, um nach vorn zu gehen und ihre Materialien zu ordnen (Tipp 61).

❯ Tipp 61

SOS-Tipp

Viele Lehrer werden unruhig, wenn Schüler beim Präsen-tieren stocken, sich wiederholen oder in ihren Materialien „herumkramen". Lassen Sie Schülern, die noch ungeübt sind, Zeit! Haben die Schüler allerdings schon Erfahrungen mit Präsentationen, weisen Sie sie freundlich, aber be-stimmt auf die Zeitbegrenzung hin. Seien Sie zudem ein gutes Vorbild, wenn Sie selbst etwas präsentieren!

Der Anforderungsrahmen für Präsentationen sollte allmäh-lich gesteigert werden, dem Alter der Schüler angemessen. Es ist dabei zu bedenken, dass Präsentationen – wie alle Methoden – nicht Selbstzweck sind, sondern einem Ziel dienen, nämlich der Schulung von Selbstbewusstsein sowie der Zusammenführung von Lernergebnissen.

METAKOGNITION NICHT UNTERSCHÄTZEN

52

Unter Metakognition versteht man das Nachdenken über Lernprozesse und Lernstrategien. Metakognition ist für Sie in doppelter Hinsicht interessant: Als Lehrkraft, weil Sie Schüler dazu anregen wollen, aber auch, weil Sie selbst in einer Lernsituation sind und sich damit auseinandersetzen sollten, wie Sie sich darin verhalten und welche Ursachen möglicherweise zu Schwierigkeiten in Ihrer Ausbildung führen. Metakognition kann dazu führen, dass Lernprozesse effektiver verlaufen und verfestigte Selbstkonzepte aufgebrochen werden. Dazu müssen Sie sich selbst kritisch befragen, Ihre Stärken und Schwächen kennen und benennen können und möglicherweise Ihr Verhalten in einzelnen Punkten ändern.

Lernprozesse effektiver gestalten

Gleich mal ausprobieren

Beantworten Sie folgende Fragen in Stichworten:

1. Welchen Anforderungen sehen Sie sich in der Ausbildung ausgesetzt? Was können Sie Ihrer Meinung nach gut und womit haben Sie Schwierigkeiten?

2. Was für ein Lerntyp sind Sie? Wie und in welcher Umgebung lernen Sie am leichtesten? Wann bauen sich Blockaden auf? Nutzen Sie verschiedene Strategien, um Wissen zu erwerben?

3. Sind Sie mit sich und Ihrem Lernprozess zufrieden? Können Sie Verbesserungsvorschläge annehmen?

4. Was möchten Sie in Zukunft anders machen? Wie möchten Sie Ihre Ziele erreichen?

In den Beratungsgesprächen mit Ihren Ausbildern werden derartige Aspekte vermutlich ebenfalls eine wichtige Rolle spielen. Als Lehrkraft müssen Sie wissen, wie erfolgreiches Lernen funktioniert bzw. welches die hinderlichen Faktoren dafür sind (Tipp 36).

❯ Tipp 36

In ähnlicher Weise können Schüler zur Metakognition angeregt werden. Eine vertrauensvolle Umgebung, aktives Zuhören und eine entwickelte Gesprächskultur sind dafür

allerdings wesentliche Voraussetzungen. Fragen zur Metakognition sind im Allgemeinen auch Bestandteil von Kom-
petenzrastern (Tipp 46) oder anderen Selbsteinschätzungs-
bögen und finden sich ebenso in Portfolios (Tipp 47).

❯ Tipp 46
❯ Tipp 47

UNTERRICHT EVALUIEREN

Als Lehramtsanwärter bekommen Sie im Zusammenhang
mit Unterrichtsbesuchen regelmäßig Rückmeldung von Ihren Ausbildern. Sie werden daher bereits die Erfahrung gemacht haben, dass jede Außensicht Ihren Blick auf sich
selbst und Ihren Unterricht bereichert. Deswegen sollten Sie
auch Ihre „Zielgruppe" befragen, nämlich die Schüler.

Um die Ecke gedacht

Als Lehrer beurteilen Sie ständig Produkte, die in Ihrem
Unterricht entstehen: Texte, Klassenarbeiten, Klausuren,
Präsentationen usw., wodurch die Ergebnisse Ihres Unter-
richts evaluiert werden. Was dabei zu kurz kommt, sind
Fragen nach den Lernprozessen, die Sie in Ihrem Unter-
richt initiieren:

- Sind die Schüler mit der Lernatmosphäre in Ihrem Un-
  terricht zufrieden?
- Gelingt es Ihnen, die Motivation der Schüler zu fördern,
  sie zu interessieren (Tipp 70)?
- Geben Sie den verschiedenen Lerntempi der Schüler ge-
  nügend Raum (Tipp 63)?
- Fühlen sich die Schüler individuell gefördert (Tipp 42)
  und gerecht behandelt?
- Denken die Schüler, dass in Ihrem Unterricht ihre kom-
  munikative und soziale Kompetenz gefördert wird?
- Sind die Schüler mit ihren Lernfortschritten zufrieden?
- Was soll an Ihrem Unterricht aus der Perspektive Ihrer
  Schüler so bleiben, wie es ist, und was sollte sich dage-
  gen ändern?

❯ Tipp 70

❯ Tipp 63
❯ Tipp 42

Haben Sie den Mut, Ihre Schüler zu befragen. Entwickeln
Sie einen Fragebogen zu Aspekten Ihres Unterrichts, die Sie
besonders interessieren, und lassen Sie die Schüler den Bo-
gen anonym ausfüllen. Werten Sie die Bögen aus und geben
Sie den Schülern das Ergebnis bekannt. Überlegen Sie gemeinsam, wie nicht positiv bewertete Aspekte in Zukunft
geändert werden können.

ERSTE ERFAHRUNGEN BEWÄLTIGEN

54

Wenn Sie zum ersten Mal allein eine Lerngruppe unterrichten, werden Sie mit Sicherheit einige positive, aber ebenso
auch problematische Erfahrungen machen.

Achtung!

❯ Tipp 61

❯ Tipp 68

Zu den häufigsten Anfängerfehlern gehört z. B. die Über-
frachtung von Unterrichtsstunden mit allzu vielen
Schwerpunkten (Tipp 61). Oft fehlt es auch noch an einer
strukturierten Planung, sodass Sie zwar eine gute Unterrichtsidee hatten, diese aber nicht erfolgreich umsetzen
konnten. Vielleicht setzen Sie auch Techniken und Methoden voraus, die die Lerngruppe noch gar nicht beherrscht.
Und natürlich gibt es immer einmal Unterrichtsstörungen
(Tipp 68)!

Aus Fehlern lernen   Dass Sie als Anfänger Fehler machen, ist völlig normal. Aber:
Aus Fehlern kann man lernen! Versuchen Sie also, Ihre Er-
fahrungen auszuwerten, sodass Sie daraus Strategien für
Ihre weitere Arbeit gewinnen können.

Gleich mal ausprobieren

Notieren Sie sich vom ersten Tag an Ihre Unterrichtserfahrungen, besonders, worüber Sie sich gefreut und worüber Sie
sich geärgert haben. Versuchen Sie, herauszufinden, was genau der Grund der Freude oder des Ärgers war.

> Überlegen Sie sich Strategien, bestimmte Ursachen zu verstärken und andere zu vermindern. Hierbei können Ihre anleitenden Lehrer, andere Kollegen, Fachleiter und Mitauszubildende behilflich sein.

LANGFRISTIGE LERNPROZESSE PLANEN

55

Unterricht findet nicht in Einzelstunden statt, sondern in längeren Lerneinheiten. Je nach Schulstufe werden Halbjahresplanungen (Oberstufe) bzw. Jahresplanungen (Mittelstufe) gemacht. Bei der Jahresplanung verteilen Sie Inhalte der Rahmenlehrpläne auf die zur Verfügung stehenden Unterrichtsstunden. Viele Rahmenlehrpläne sind so angelegt, dass die großen Themenfelder im Sinne eines Spiralcurriculums in den einzelnen Jahrgangsstufen wiederholt auftauchen (kumulatives Lernen). Auch in Ihrer persönlichen Planung sollten Sie Lerneinheiten so anlegen, dass immer wieder auf Gelerntes zurückgegriffen werden kann.

Kumulatives Lernen

Die Jahresplanung hilft, die Wegstrecke des Jahres gedanklich zu organisieren. Planen Sie Klassenfahrten, Feiertage (ggf. auch muslimische), Projektwochen usw. gleich zu Beginn mit ein. Trotzdem werden Sie feststellen, dass die Jahresplanung nie einzuhalten ist, gerade Lehramtsanwärter brauchen meist mehr Zeit als veranschlagt. Sorgen Sie sich nicht darüber, da es in kompetenzorientiertem Unterricht (Tipp 30 und 44) nicht darum geht, „Stoff" abzuarbeiten.

❯ Tipp 30 und 44

Gleich mal ausprobieren

In Fächern, die meist lehrwerksbasiert unterrichtet werden (Mathematik, Englisch, Deutsch), haben alle großen Verlage mittlerweile lehrwerksbegleitende digitale Planungshilfen entwickelt, wodurch die grobe Jahresplanung relativ schnell in ein Raster zu bringen ist, das ständig verfeinert und aktualisiert werden kann. Auch wer nicht mit einem Lehrwerk arbeitet, findet hier digitale Anregungen, die sich auf die eigene Planung übertragen lassen.

56

Kompetenzerwerb ist an Inhalte gebunden. Unter einem Unterrichtsinhalt versteht man den Gegenstand der Aneignung für das Erreichen der Unterrichtsziele. Es liegt in der Verantwortung des Lehrers, geeignete Unterrichtsinhalte auszuwählen. Solche greifen Schülerinteressen auf, sind altersangemessen, alltagsrelevant und ermöglichen exemplarisches Lernen, haben also allgemeine Relevanz.

Achtung!

Ein Inhalt an sich kann nicht Unterrichtsziel sein, sondern muss mit einer Absicht verbunden werden. Jeder Inhalt ist komplex und enthält kognitive, emotionale und pragmatische Aspekte, an die man sehr unterschiedlich anknüpfen kann. Je weiter Sie sich bei der Vorbereitung in das Thema vertiefen, umso interessanter wird es Ihnen erscheinen. Verzetteln Sie sich jedoch nicht! Lehramtsanwärter neigen dazu, ihre Stunden zu überfrachten, den Schülern möglichst viel „beibringen" zu wollen und dabei die Sache über das Ziel zu stellen. Die Sache ist aber immer nur ein Mittel zum Zweck des Kompetenzerwerbs!

Sich über die Absicht klar werden

Bevor Sie ein Stundenthema festlegen können, müssen Sie sich darüber im Klaren sein, was genau an dem betreffenden Inhalt gelernt werden soll. Sollen die Schüler über spezifisches Fachwissen verfügen? Sollen bestimmte Methoden, Verfahren bzw. Techniken gelernt oder geübt werden? Oder geht es in erster Linie um soziale Kompetenz bzw. das selbstständige Erarbeiten eines inhaltlichen Aspektes? Wenn Sie sich über die Absicht Ihrer Stunde im Klaren sind, formulieren Sie diese als Stundenthema (sollte Ihnen das schwerfallen, ist dies ein Zeichen dafür, dass Sie sich zu viel vorgenommen haben). In einem zweiten Schritt können Sie die Stunde strukturieren. Jede Phase Ihres Unterrichts hat eine didaktische Funktion in Bezug auf Ihre Unterrichtsabsicht.

Gleich mal ausprobieren

Überprüfen Sie das Thema für Ihre nächste Stunde:
- Greift es Schülerinteressen auf, ist es altersangemessen, alltagsrelevant und ermöglicht es exemplarisches Lernen?
- Ist das Thema mit einer Absicht verbunden?
- Ist die Formulierung klar und eindeutig?
- Ist die Stunde zielbezogen strukturiert?
- Hat jede Phase eine didaktische Funktion in Bezug auf die Unterrichtsabsicht?

BEZÜGE ZU STANDARDS HERSTELLEN

57

Unterricht muss immer eine Intention haben. Anders als früher gibt es jedoch keine Lernziele mehr, die davon ausgehen, dass alle Schüler in der vorgegebenen Zeit dasselbe lernen, sondern man berücksichtigt inzwischen die Tatsache, dass Lernen ein individueller Vorgang ist. Dennoch sollen Schüler die in den Rahmenlehrplänen gesetzten Standards (Tipp 29 und 30) erreichen. Dies geschieht auf individuell unterschiedlichen Leistungsniveaus.

❯ Tipp 29 und 30

Gleich mal ausprobieren

Angenommen, Sie haben für eine bestimmte Lerngruppe gemäß dem für das Fach vorliegenden Fachplan ein Stundenthema festgelegt (Tipp 56). Schauen Sie nun im Rahmenlehrplan nach, auf welche dort formulierten Standards das gewählte Stundenthema abzielt. Versuchen Sie, diesen Standard zu konkretisieren, also genauer auf das Stundenthema zu beziehen. Ihnen wird dabei klarer werden, welche Intention Sie mit der Stunde verfolgen. Unterricht darf niemals „Beschäftigungstherapie" sein, sondern muss den Schülern die Chance eröffnen, entsprechend ihrer Lernvoraussetzungen (Tipp 43) ihre Kompetenzen zu erweitern. Mit etwas Erfahrung werden Sie eine Prognose darüber anstellen können, auf welchem Niveau bestimmte Schüler sich dem Ziel – Erreichen der Standards – werden nähern können.

❯ Tipp 56

❯ Tipp 43

Als Anfänger fühlen Sie sich vermutlich bezüglich einiger Fachinhalte noch unsicher. Die in den Rahmenlehrplänen formulierten Standards können Ihnen helfen, einen Überblick darüber zu bekommen, an welchen Stellen Sie sich fachlich noch stärken müssen. Vor allem aber ist es Ihre Aufgabe, die Lernprozesse Ihrer Schüler anzuregen und zu moderieren. Daher sollten Sie von Anfang an versuchen, sich mit Ihren Unterrichtsplanungen auf die Standards zu beziehen.

GESCHLOSSENE METHODEN ANWENDEN

58

Generell bezeichnet der Begriff „Methode" den überlegten und begründeten Weg, mit dem der Lehrende den Lerner von seinem Ausgangsort zum angestrebten Unterrichtsziel bringen will. Als geschlossene Methoden bezeichnet man alle lehrergesteuerten Methoden, in denen Schülern klare Anweisungen für ihren Lernweg gegeben werden, zu dem keine Abweichungen möglich sind und dessen Ergebnis von

Begriffsdefinition

vornherein feststeht.

Unterrichtsinhalte und Methoden stehen in Wechselwirkung zueinander und müssen immer auf die konkrete Lerngruppe bezogen sein. Insofern haben auch geschlossene Methoden, wie z. B. der Frontalunterricht, ihre Berechtigung, wenn es darum geht, den Lernern Informationen zu einem bestimmten, klar umrissenen Zweck möglichst schnell zu vermitteln.

Achtung!

Frontalunterricht sollte stets in zeitlich begrenzten Phasen stattfinden und dialogoffen mit den Lernern gestaltet

> Tipp 74

werden (Tipp 74). Er sollte als Phase der Instruktion vonseiten der Lehrkraft stets im Zusammenhang mit eigentätigen und von den Schülern selbst gesteuerten Lernarbeitsformen stehen.

Auch die fragend-entwickelnde Unterrichtsmethode – die in der methodisch-didaktischen Diskussion seit Längerem sehr umstritten ist – ist stark lehrerzentriert. Der Lehrende verwandelt hier einen Vortrag, die Weitergabe von Informationen, in Einzelfragen. Das kann z. B. sinnvoll sein, wenn der Vortrag bzw. die Informationen auf Fakten beruhen, die den Schülern zum Teil bekannt sind, und wenn der Lehrer die Schüler aktiv einbeziehen will. Dies bedarf aber sehr geschickter Impulse, die weder suggestiv noch bloß rhetorisch sind und den Lerner weder überfordern noch unterfordern.

OFFENE METHODEN ÜBEN

59

Im Gegensatz zu geschlossenen Methoden (Tipp 58) lassen offene Unterrichtsmethoden – wie der Name schon sagt – den Lernweg offen und/oder planen die Lernergebnisse nicht vollständig voraus. Diese können von den Lernern mitbestimmt oder auch frei gewählt werden. Offenheit kann dabei in drei Bereichen bestehen:

> ❯ Tipp 58

- inhaltliche Offenheit (bevorzugt Inhalte aus der Lebenswelt der Kinder und Jugendlichen),
- methodische Offenheit (Schüler können die Vorgehensweise mitbestimmen),
- zeitliche/organisatorische Offenheit (z. B. Freiarbeit, Wochenpläne o. Ä.).

Offene Unterrichtsmethoden sind z. B. entdeckendes, problemlösendes Lernen, Stationenarbeit (Tipp 86), Projektarbeit (Tipp 87) usw.

> ❯ Tipp 86
> ❯ Tipp 87

Die Lehrerrolle verändert sich im offenen Unterricht vom allein bestimmenden und verantwortlichen Unterrichtsmanager hin zu einem Coach, der den individuellen Lernprozess der Schüler unterstützt. Die Schüler werden zu aktiven und selbstständigen Mitgestaltern des Unterrichts und des eigenen Lernens. Dementsprechend werden sie mit Motivation bei der Sache sein.

Neue Rollen von Lehrer und Schülern

SOS-Tipp

Wenn Sie Ihren Unterricht öffnen wollen, die Klasse bisher aber nur geschlossene Methoden kennt, fangen Sie kleinschrittig mit einem sogenannten Lernbüffet an. Ähnlich wie beim Stationenlernen werden hier zeitgleich differenzierte Angebote gemacht, ohne dass die Schüler sich aber frei im Raum bewegen, d.h., sie arbeiten an ihrem gewohnten Platz.

Gleich mal ausprobieren

Nehmen Sie sich die Aufgabe vor, die Sie Ihren Schülern stellen wollen, und versuchen Sie, sie beispielsweise in drei zu bearbeitende Aufgaben (Unterthemen) zu differenzieren. Zu Beginn bietet es sich an, nach Inhalt, Schwierigkeitsgrad oder benötigter Arbeitszeit zu differenzieren. Durch die Wahlmöglichkeiten, die Sie den Schülern nun bieten, haben Sie die Aufgabe geöffnet.

60 IN VERSCHIEDENEN SOZIALFORMEN ARBEITEN

Sozialformen regeln die Beziehungsstruktur des Unterrichts bzw. die Kommunikations- und Interaktionsstruktur. Man unterscheidet dabei zwischen Einzelarbeit, Partnerarbeit und Gruppenarbeit.

Einzelarbeit Die Einzelarbeit ist eine individuelle Methode des Lernens und Übens. Sie bietet eine gute Überprüfbarkeit der Leistung und kann selbstständiges Lernen fördern. Nachteilig ist das Fehlen sozialer Beziehungen beim Lernen und aller damit verbundenen sozialen und personalen Kompetenzen.

Partnerarbeit Die Partnerarbeit hat im Vergleich zur Einzelarbeit den Vorteil des sozialen Austausches und der größeren Schüleraktivität. Die Partner können sich gegenseitig helfen, motivieren und kontrollieren. Für die Partnerarbeit müssen die Schüler aber gelernt haben, sich an verabredete Regeln zu halten.

Im Rahmen der Gruppenarbeit erarbeiten die Schüler Themen, die vom Lehrenden entsprechend aufbereitet wurden (Aufgabenstellung, Material usw., Tipp 49). Vorteilhaft ist die Förderung sozialer und personaler Kompetenzen. Zu bedenken ist die lange Einübungsphase, die unbedingt erfolgen muss, damit es während der Gruppenarbeit nicht zu Störungen kommt.

Gruppenarbeit

❯ Tipp 49

Gleich mal ausprobieren

Wann ist welche Sozialform zu empfehlen?
- Setzen Sie Einzelarbeit immer dann ein, wenn eine individuelle Bearbeitung eines Themas nach unterschiedlichem Lerntempo o. Ä. vorgesehen ist.
- Nutzen Sie die Partnerarbeit als Vorübung zur Gruppenarbeit, und zwar immer dann, wenn ein gegenseitiger Austausch stattfinden soll, die Arbeit selbst für eine Gruppe aber nicht komplex genug ist.
- Planen Sie Gruppenarbeit für größere und komplexe Arbeitsvorhaben.

DEN ZEITBEDARF EINER STUNDE PLANEN

61

Lehramtsanwärter haben oft Angst, in der Stunde „zu früh mit dem Stoff durch zu sein". Die Praxiserfahrung zeigt aber, dass meist alles länger dauert als geplant. Schließlich braucht Lernen Zeit, und vor allem Organisatorisches, wie die Bildung von Arbeitsgruppen usw., wird in der Planung oft zu wenig berücksichtigt.

Gleich mal ausprobieren

Überlegen Sie, wenn Sie eine grobe Zeitstruktur für die geplante Unterrichtsstunde erstellt haben, genau, wie lange die einzelnen Phasen dauern werden. Wie lange dauert es, bis die Lerngruppe so ruhig und konzentriert ist, dass Sie mit dem Unterricht beginnen können? Wie viel Zeit benötigt sie zum Lesen eines Textes (berücksichtigen Sie dabei das Alter der Schüler)? Wie lange dauert es, bis Schüler bei der Gruppenbildung oder bei Präsentationen ihren Platz verlassen haben und bereit sind, den nächsten Arbeitsschritt zu tun? Planen Sie für alles reichlich Zeit ein!

SOS-Tipp

Wenn Sie in einer Stunde merken, dass Sie die Zeit zu knapp bemessen haben, überschlagen Sie, wie viel Zeit Sie noch haben, um die Stunde zu einem sinnvollen Ende zu bringen. Angenommen, Sie haben nur noch zehn Minuten Zeit und die Gruppenpräsentationsphase kann daher nicht in der geplanten Weise durchgeführt werden, entscheiden Sie Folgendes: Ist es angemessen, nur eine Gruppe präsentieren zu lassen? Oder ist es sinnvoller, alle Präsentationen in die nächste Stunde zu verschieben und stattdessen eine Blitzlichtrunde als Zwischensicherung einzuschieben?

Für verschiedene Lerntempi planen

Sie werden nach einigen Wochen mehr Erfahrung bezüglich der zeitlichen Struktur von Unterricht haben. Dann werden Sie feststellen, dass es weder sinnvoll ist, ein durchgängig hohes Tempo vorzulegen, das über die Köpfe der Schüler hinwegrauscht, noch für alles so viel Zeit einzuplanen, dass sich die Hälfte der Schüler langweilt und mit anderen Dingen beschäftigt. Wenn Sie sich etwas sicherer fühlen, sollten Sie für verschiedene Lerntempi planen, d. h., für schnellere Schüler Zusatzaufgaben bereithalten (Tipp 63).

❯ Tipp 63

62 ZEIT FÜR ERZIEHUNG EINPLANEN

Der Umstand, dass Ihnen anfangs oft die zur Verfügung stehende Zeit nicht ausreicht, um alles, was Sie im Vorfeld der Stunde geplant haben (Tipp 61), letztlich auch umzusetzen, ist meist u. a. der Tatsache geschuldet, dass Sie im Unterricht immer wieder auf Störungen reagieren müssen.

❯ Tipp 61

Möglicherweise brauchen Sie z. B. unvorhergesehen Zeit, um mit den Schülern eine Regel für den pünktlichen Beginn des Unterrichts zu vereinbaren („Zu Beginn der Stunde sitze ich auf meinem Platz"). Nehmen Sie sich anfangs diese Zeit zur Einführung von Regeln und besprechen Sie mit der Klasse auch, was passiert, wenn diese Vereinbarungen nicht eingehalten werden. Setzen Sie solche Absprachen konsequent durch. Würdigen und loben Sie außerdem das gewünschte Verhalten. Die Zeit, die Sie in diese Erziehungsarbeit investieren, zahlt sich später aus!

Zeit für die Einführung von Regeln einplanen

Gleich mal ausprobieren

Formulieren Sie Regeln immer gemeinsam mit den Schülern und beachten Sie dabei Folgendes:

Wirksame Verhaltensregeln ...

- enthalten das Wort „Ich",
- sind kurz und verbindlich,
- benennen eindeutiges und überprüfbares Verhalten,
- sind sachlich,
- sind positiv formuliert („Ich lasse andere aussprechen" statt „Es ist verboten, den anderen zu unterbrechen").

Während Sie auf diese Art und Weise Ihre ersten Unterrichtsstunden in einer neuen Lerngruppe verbringen, haben Sie womöglich das Gefühl, nicht zum eigentlichen Unterricht zu kommen. Doch diese Arbeit ist das Fundament für erfolgreiches Unterrichten. Wenn z. B. alle pünktlich kommen, es zum Stundenbeginn leise ist, jeder sein Material dabeihat usw. – dann werden Sie nicht nur mit Ihrer Zeitplanung besser hinkommen, sondern haben bei den Schülern bereits in hohem Maße wichtige Kompetenzen gefördert. Verantwortung für das eigene Lernen zu übernehmen, ist das höchste Ziel jeden Unterrichts. Und damit haben Sie keine Zeit verloren, sondern Qualität gewonnen!

63

INDIVIDUELLE LERNTEMPI BEDENKEN

Jeder Lerner hat und braucht sein eigenes Tempo. Gehen Sie gar nicht erst davon aus, dass alle Schüler mit derselben Aufgabe gleichzeitig fertig werden. Legen Sie Aufgaben stattdessen so an, dass langsame Schüler nicht unter Druck geraten und schnelle keinen Leerlauf haben. Orientieren Sie sich hinsichtlich der Zeitstruktur Ihres Unterrichts am mittleren Lerntempo der Gruppe. Unterschiedliche Lerntempi können Sie folgendermaßen berücksichtigen:

- Langsame Schüler sollten Aufgaben zu Hause beenden oder auch einmal eine auslassen können, wenn ihre Arbeit deshalb länger dauert, weil sie sich besonders intensiv mit einer Sache beschäftigen. Qualität zeichnet sich ja nicht durch Quantität aus.
- Bei Schülern, die stets besonders schnell fertig sind, mangelt es oft an Qualität. Sie sollten angehalten werden, die Qualität ihrer Arbeit zu überprüfen und zu verbessern.
- Schüler, die schnell fertig sind und gute Ergebnisse erzielen, brauchen weitere Aufgaben mit neuen Anregungen und höheren Anforderungen, sodass sie im gleitenden Übergang selbstständig arbeiten können.

Ihr Angebot an die Schüler könnte etwa so aussehen:

Angebot für unterschiedliche Lerntempi

Aufgaben, die alle schaffen müssen	Zusatzaufgaben für Schnelle	Schwierige Aufgaben für kluge Köpfe
Fundamentum	Additum	

Geben Sie den Schülern zu Beginn einer Unterrichtseinheit bekannt, wie viel Zeit insgesamt zur Verfügung steht und was Sie am Ende erwarten. Das kann z. B. eine Präsentation oder eine Lernerfolgskontrolle sein. Halten Sie die Termine schriftlich fest.

64

Unter Operation wird im pädagogischen Kontext jedes Handeln, auch Denkhandeln, verstanden. Im Unterricht bedarf es dafür jedoch eines Auslösers, das Denken und Handeln muss an etwas „entzündet" werden. Das Operationsobjekt ist der Gegenstand, auch im abstrakten Sinne, der dieses zu leisten vermag.

Gleich mal ausprobieren

Wählen Sie ein beliebiges Thema, z. B. eines, das Sie persönlich gerade umtreibt (Glück, Freiheit, Angst o. Ä.). Überlegen Sie nun, wie Sie andere Menschen dazu veranlassen könnten, ebenfalls darüber nachzudenken oder ein damit verbundenes Handeln anzustreben. Sie könnten ein Gespräch initiieren, einen Text lesen lassen, kommentarlos Fotos oder Filme dazu zeigen oder eine passende Performance vorführen. Überlegen Sie im nächsten Schritt, welche Ihrer Ideen am ehesten geeignet erscheint, Ihr Gegenüber zur Auseinandersetzung mit dem Thema anzuregen. Sicher haben Sie auch umgekehrt schon die Erfahrung gemacht, dass jemand Sie für ein zunächst fremdes Thema interessieren konnte, indem er Sie mit aufregenden Gedanken, tollen Bildbeispielen oder leicht verständlichen Texten konfrontierte.

Ohne einen subjektiv erkennbaren Anlass setzt sich keiner mit einem Thema auseinander, das für ihn erst einmal nicht naheliegend ist. In der Schule müssen Lehrer fortwährend Anlässe konstruieren, die zur Beschäftigung mit Themen führen. Die Wahl geeigneter Operationsobjekte ist daher von herausragender Bedeutung. Diese sollten vor allem an der Lebenswelt der Schüler orientiert sein, eine für Schüler nachvollziehbare Problematik enthalten und möglichst abwechslungsreich und originell gestaltet sein. Operationsobjekte sind besonders für den Stundeneinstieg wichtig (Tipp 71), um das Interesse der Schüler für ein Thema zu wecken, sie sind aber auch für alle weiteren Phasen des Unterrichts (und der häuslichen Arbeit) von Bedeutung.

Anlässe zur Auseinandersetzung mit Themen konstruieren

❯ Tipp 71

Achtung!

Bei der Wahl von Operationsobjekten ist zu bedenken:
- der Lebensweltbezug,
- der Umfang (z. B. bei Texten),
- der Schwierigkeitsgrad (der Lerngruppe bzw. einzelnen Schülern angemessen),
- die Anschaulichkeit, die Abwechslung und nicht zuletzt die Originalität.

65 MATERIAL UND MEDIEN AUSPROBIEREN

Um Schwierigkeiten mit Materialien und Medien vorzubeugen, sollten Sie sie sehr gut kennen. Erproben Sie alles, was Sie im Unterricht machen wollen, vorher selbst! Nur so lernen Sie die Tücken des Objektes und der Technik kennen und können den Schülern als Experte zu bestmöglichen Ergebnissen verhelfen.

Es kann natürlich durchaus auch Ziel Ihres Unterrichts sein, dass die Schüler selbst Erfahrungen mit unterschiedlichen Materialien und Medien in einer Reihe von Experimenten

❯ Tipp 82

machen (Tipp 82). Aber auch dann sollten Sie als Lehrkraft sich damit auskennen.

SOS-Tipp

Je nach Alter der Geräte kann es eine Zeit lang dauern, bis ein Beamer einen Laptop erkennt. Es kann passieren, dass Sie lange mit Tastenkombinationen hantieren müssen, bevor ein Bild an der Wand erscheint. Am besten, Sie richten die Projektion schon vor Beginn des Unterrichts ein. Auf technische Medien kann man sich generell nicht hundertprozentig verlassen. Daher sollten Sie immer eine Lösung parat haben, was Sie machen, wenn die Technik aus-

❯ Tipp 95

fällt. Für Prüfungsstunden (Tipp 95) empfiehlt sich ein bereits eingerichtetes zweites Equipment.

66

Niemand kann in die Köpfe von anderen Menschen hineinsehen. So können auch Lehrer niemals sicher sein, dass Schüler etwas Bestimmtes gelernt haben, selbst wenn diese richtige Antworten geben. Lernen ist ein komplexer und sehr individueller Vorgang. Vieles wird im Kurzzeitgedächtnis gespeichert und verschwindet wieder, wenn es nicht wiederholt abgerufen wird und sich so festigen kann.

Achtung!

Im sogenannten Unterrichtsgespräch, das Sie vermutlich noch aus Ihrer eigenen Schulzeit kennen, werden am Ende einer Stunde die wesentlichen Erkenntnisse des Erarbeiteten zusammengefasst. Der Lehrer stellt beispielsweise drei Fragen, drei verschiedene Schüler melden sich und geben die richtigen Antworten. Oder der Lehrer selbst fasst in einem kurzen Vortrag die wichtigsten Aspekte zusammen. Wie Sie sich denken können, ist diese Form der „Ergebnissicherung" wenig effektiv: Im ersten Fall kann man die Feststellung treffen, dass drei Schüler etwas gelernt haben (über den Rest weiß man nichts), im zweiten Fall kann man überhaupt keine Vermutungen über den Lernzuwachs bei den Schülern anstellen, weil unklar bleibt, was von dem Lehrervortrag hängengeblieben ist.

Gleich mal ausprobieren

Es gibt eine Reihe von Möglichkeiten, zu eruieren, was die Schüler gelernt haben, indem alle aktiviert und zu einer Zusammenfassung des Gelernten verpflichtet werden:

1. Blitzlichtrunde: Jeder Schüler der Lerngruppe sagt ganz kurz, was für ihn am Inhalt der Stunde aufschlussreich war. Keiner darf etwas wiederholen, was schon gesagt wurde. Veranschlagen Sie dafür ausreichend Zeit.

2. Jeder Schüler hat in einem Karteikasten, der an einer bestimmten Stelle im Klassenraum steht, eine eigene Karte und notiert auf dieser einen Merksatz zur Stunde. Dies hat

❯ Tipp 67

den Vorteil, dass Sie jederzeit Zugriff auf die Notizen der Schüler haben und sie kommentieren können. Das Benutzen solcher Karten sollte als Ritual verankert werden (Tipp 67).

3. Am Ende der Stunde werden kleine Gruppen gebildet, in denen alle Schüler ihre Erkenntnisse formulieren müssen und von den Mitschülern ggf. korrigiert werden können.

Reflexion am Ende der Stunde wichtig

Lernpsychologisch ist es von großer Bedeutung, eine Stunde bzw. eine Lerneinheit durch das Reflektieren von gemachten Erfahrungen sowie das Rekapitulieren von Wissensbeständen abzuschließen. Vermeiden Sie es unbedingt, Auswertungsphasen in die nächste Stunde zu verschieben!

67 RITUALE VERANKERN

Rituale sind wichtig zur Strukturierung von Tagesabläufen. In der Schule diente früher das morgendliche Singen oder Beten der Einstimmung auf das gemeinsame Lernen. Auch heute können mit den Schülern vereinbarte Rituale für einen klareren Ablauf, für konzentrierteres Lernen oder einen besseren Zusammenhalt in der Gruppe sorgen.

Gleich mal ausprobieren

Wenn Sie neue Lerngruppen eine Weile beobachten, werden Sie feststellen, dass es in jeder Klasse eine spezifische Atmosphäre oder besondere Verhaltensweisen gibt. In einer Klasse, in der es besonders lange dauert, bis Ruhe hergestellt ist, ist ein Ritual für den Stundenanfang sinnvoll. Dies kann das Aufstehen der Schüler sein, das der Begrüßung einen besonderen Stellenwert gibt, vielleicht auch das Aufschreiben eines Satzes, der sich auf die letzte Stunde bezieht. Ein zusammenfassender Satz am Stundenschluss oder eine ritualisierte Blitzlichtrunde (Tipp 66) können den Unterricht abschließen.

❯ Tipp 66

Vermitteln Sie den Schülern Ihre Beobachtungen, erklären Sie Ihre Ziele und verabreden Sie wirksame Rituale.

Rituale in der Schule sollten, wie im privaten Bereich, so lange aufrechterhalten werden, wie sie eine Orientierung bieten und die Kommunikation verbessern. Wenn sie zu einem schlichten Mechanismus verkommen, ist es sinnvoll, sie abzuschaffen oder durch andere zu ersetzen. Darüber hinaus müssen Rituale dem jeweiligen Alter der Schüler angemessen sein.

Rituale dürfen nicht zu Mechanismen verkommen

UNTERRICHTSSTÖRUNGEN POSITIV SEHEN

Das, was früher „Disziplinprobleme" genannt wurde, ist für alle Lehrer, insbesondere für Lehramtsanwärter, ein heikles Thema. Niemand redet gerne darüber, letztlich kann aber jeder Kollege davon betroffen sein und sollte wissen, worin die Ursachen für Störungen im Unterricht liegen können. Äußerungsformen von Unterrichtsstörungen sind nicht nur Lautstärke und Aggression, sondern auch Verweigerung oder Rückzug.

Ursachen kennen

Gleich mal ausprobieren

Führen Sie sich vor Augen, wie viele Ursachen für Unterrichtsstörungen es geben kann:

- Lage des Unterrichts im Tages- oder Wochenablauf, z. B. nach einer Klassenarbeit,
- die Gruppendynamik, z. B. „Coolness",
- außerschulische Einflüsse, z. B. familiäre Probleme,
- fehlende oder geringe Lern- und Leistungsbereitschaft einzelner Schüler,
- gestörte Entwicklungsprozesse einzelner Lerner,
- zu geringer Bezug des Inhalts zur Lebenswelt der Schüler,
- methodisch eintönige oder ungeeignete Aufbereitung eines Themas,
- geringe Aufmerksamkeit der Lehrkraft für die Lerner,
- zu wenig positive Rückmeldung,
- Versuch von Schülern, Grenzen auszutesten,
- inkonsequentes Verhalten der Lehrkraft.

Um die Ecke gedacht

Versuchen Sie, im Unterricht aufkommende Widerstände positiv zu sehen und als Impuls für Veränderungen zu begreifen. Mit einigen möglichen Ursachen haben außerdem Sie persönlich nichts zu tun, sie liegen in schulorganisatorischen oder außerschulischen Bereichen.

Unterrichtsstörungen können für Sie aber auch ein wertvoller Hinweis darauf sein, dass Sie sich in Ihrer Unterrichtsgestaltung inhaltlich, didaktisch und methodisch mehr auf die Schüler beziehen sollten. Je mehr Freude die Lernenden am Unterricht haben, umso weniger Energie werden sie auf Widerstände verlegen.

Gleich mal ausprobieren

Formulieren Sie wenige klare Regeln, die Sie mit der Lerngruppe besprechen, schriftlich fixieren und auf die Sie immer wieder verweisen. Handeln Sie konsequent gemäß Ihren Ankündigungen, wenn sich jemand nicht an die Regeln hält.

Im Zusammenhang mit Unterrichtsstörungen wird sehr deutlich, dass die Hauptaufgabe von Lehrern neben dem Unterrichten das Erziehen ist. Erziehen heißt nicht Disziplinieren im Sinne von Strafen, sondern pädagogisches Handeln, das im Beobachten, Analysieren und gezielten Reagieren besteht. Wichtig ist, dass Sie in persönlichen Gesprächen mit den „Störern" die Gründe ermitteln und nicht die ganze Klasse für das Verhalten Einzelner verantwortlich machen.

69 VERTRETUNGSSTUNDEN GEBEN

Klären Sie, wenn Sie neu an eine Schule kommen, ob Sie als Lehramtsanwärter dort auch Vertretungsstunden geben müssen. Wenn Sie grundsätzlich dazu verpflichtet sind, sollten Sie regelmäßig in den Vertretungsplan schauen. Dieser liegt meist im Lehrerzimmer aus (oder hängt im Schulgebäude an einer bestimmten Stelle). Der stellvertretende Schulleiter (Tipp 13) trägt dort morgens (oder bereits am Vortag) ein, wer wann in welcher Lerngruppe einen erkrankten oder beurlaubten Kollegen vertreten muss. Nicht immer kann der stellvertretende Schulleiter gewährleisten, dass der Vertretungslehrer die Lerngruppe kennt oder das betreffende Unterrichtsfach vertritt.

❯ Tipp 13

Achtung!

Vertretungsunterricht zu geben, heißt nicht nur, dass Sie die Lerngruppe beaufsichtigen und zum Verbleib im Klassenzimmer anhalten. Vertretungsstunden sollten sinnvoll genutzt werden. Im günstigsten Fall haben Sie vorher die Gelegenheit, im Klassenbuch (Tipp 21) nachzuschauen, welche Inhalte die entsprechende Lerngruppe in einem der Fächer, die Sie selbst unterrichten, gerade bearbeitet. Oder Sie sind so flexibel, dass Sie die Schüler fragen und dann spontan sinnvolle Aufgaben stellen. Das gelingt aber selbst erfahrenen Lehrern nicht immer.

❯ Tipp 21

Gleich mal ausprobieren

Legen Sie eine Sammlung mit Unterrichtsthemen an, die für Einzelstunden geeignet sind. Notieren Sie jeweils die Altersstufe, für die diese Themen passen. Finden Sie in der Schule einen Ort, z. B. einen Schrank, wo Sie die für diese Stunden benötigten Materialien lagern können, damit Sie auch kurzfristig darauf zurückgreifen können. Fragen Sie außerdem Ihre Kollegen nach weiteren Ideen für Vertretungsstunden.

SOS-Tipp

Sollten Sie noch ganz am Anfang Ihrer Unterrichtstätigkeit stehen oder – aus welchen Gründen auch immer – keine Ideen und Materialien für eine Vertretungsstunde zur Hand haben: Lassen Sie die Schüler trotzdem nicht irgendetwas machen, sondern nutzen Sie die Zeit, sie kennenzulernen, indem Sie über ein von Ihnen oder den Lernern vorgeschlagenes Thema diskutieren.

MOTIVATION FÖRDERN

70

Motivation ist der Antrieb, ein Ziel zu erreichen. Man unterscheidet in der Didaktik zwischen intrinsischer (aus einem selbst kommender Antrieb, z. B. Neugier) und extrinsischer Motivation (von außen kommender Antrieb, z. B. Belohnung). Da sich die intrinsische Motivation als tragfähiger und dauerhafter erwiesen hat, sollte man versuchen, seinen Unterricht so auszurichten, dass Neugier und Interesse am Thema geweckt werden. Dies ist natürlich nicht immer einfach, da schulische Rahmenbedingungen (enges Zeitkorsett, Zensurendruck u. a.) der intrinsischen Motivation oft entgegenstehen.

Intrinsische Motivation wecken

Gleich mal ausprobieren

Folgendermaßen können Sie motivierend wirken:

- Ermöglichen Sie den Schülern, das Unterrichtsthema bzw. die Unterrichtsaufgaben auf verschiedenen Lösungswegen und unterschiedlichen Niveaus zu erreichen.
- Geben Sie die Lösungen nicht vor, sondern ermöglichen Sie es den Lernern, sie selbst zu finden. Dabei können sie unterschiedliche Hilfen bekommen.
- Bauen Sie ein Lernsetting mit anregenden Materialien und unterschiedlichen Möglichkeiten des Tuns auf.
- Formulieren Sie das Thema bzw. die Aufgabe so, dass für den Lerner der Sinn klar ist und ein Bezug zu seinem Lebensumfeld besteht.
- Ermöglichen Sie den Schülern Erfolgserlebnisse und loben Sie sie.
- Organisieren Sie eine Wettkampfsituation, z. B. einzelner Gruppen gegeneinander (Tipp 60).
- Sorgen Sie dafür, dass möglichst keine Motivationsstörungen wie Lärm, Ablenkung u. Ä. stattfinden.

⟩ Tipp 60

Der Stundeneinstieg hat die Funktion, Lernende dort abzuholen, wo sie stehen, und dorthin zu führen, wo sie den Lernprozess beginnen sollen. Er will die Schüler motivieren, Interesse und Aufmerksamkeit für das Thema aufzubringen, und soll alle Mitglieder einer heterogenen Lerngruppe mit ihren Emotionen, Bedürfnissen, Interessen und intellektuellen Fähigkeiten einbeziehen. Damit ist er eine methodische Herausforderung für den Lehrer. Der Fantasie sind diesbezüglich keine Grenzen gesetzt, solange folgende Prinzipien berücksichtigt werden: Anschaulichkeit, Schüleraktivierung, Anknüpfung an Vorwissen und subjektive Konzepte, Erzeugung von Spannung oder Neugier, Fokussierung auf eine Problemstellung.

Prinzipien eines guten Einstiegs

Im Folgenden sind einige Ideen für mögliche Einstiege aufgeführt:

Ideenpool

Aktivierung der Sinne (sehen, hören, riechen, schmecken, fühlen), akustischer Impuls, Behauptung, Beobachtung, Bericht, Blitzlicht, Brainstorming, Erzählung (Tipp 80), Experiment, Fantasiereise (Tipp 81), Film (Tipp 79), Gruppenpuzzle, Hörspiel, Instruktion (Tipp 74), Körperübung, Kreisgespräch, Memory, Mindmapping, Musik, Pantomime, Präsentation eines Mediums (Objekt Tipp 72, Abbildung), Quiz, Rätsel, Realbegegnung, Rollenspiel, Vortrag (z. B. mit Laptop und Beamer, Tipp 78), Wiederholung, Witz usw.

❱ Tipp 80
❱ Tipp 81, 79
❱ Tipp 74

❱ Tipp 72

❱ Tipp 78

Achtung!

Einen Einstieg, der immer zieht, gibt es nicht! Sie werden aber merken, dass bestimmte Einstiege Ihnen besonders gut gelingen und andere Ihnen offenbar gar nicht liegen. Machen Sie nichts, wovon Sie nicht überzeugt sind, auch wenn Lehramtsanwärter in Ihrer Umgebung damit vielleicht Erfolg haben. Die Wahl einer (Einstiegs-)Methode hat auch immer etwas mit der eigenen Lehrerpersönlichkeit zu tun. Außerdem gilt, dass selbst der beste Einstieg langweilig wird, wenn man ihn nicht variiert.

72

Besonders motivierend ist es für Schüler, wenn bestimmte Lerninhalte im Unterricht an konkreten Anschauungsobjekten verdeutlicht werden. Dafür kommen sowohl reale Objekte als auch Modelle infrage.

Reales Objekt Das reale Objekt ist Teil der Wirklichkeit und vertritt als ein Beispiel seine jeweilige Art (Pflanzen, Tiere, Gegenstände usw.). Es ist sowohl authentisch als auch komplex: Tiere bewegen sich und reagieren auf Schüler, Pflanzen verwelken, beide haben einen spezifischen Geruch, Dinge haben ertastbare Materialitäten, Gebrauchsspuren usw. Das reale Objekt bietet die meisten Möglichkeiten zur Auseinandersetzung, kann diese jedoch auch gerade dadurch erschweren, dass es so echt und komplex ist. Beispielsweise hat das Tier vielleicht Angst und läuft weg bzw. die Pflanze geht im Laufe der Untersuchung ein.

Modell Das Modell verweist zwar auf die Wirklichkeit, ist aber nicht Teil von ihr. Ein Modell reduziert und abstrahiert vielmehr die Realität. Im Modell kann Großes überschaubar, Kleines wahrnehmbar und Komplexes vereinfacht werden. Oft ist die Wirklichkeit besser am Modell erklärbar, denn es läuft beispielsweise nicht weg und verwelkt auch nicht. Aber es ist eben „unecht", hat also keinen besonderen Geruch, kein warmes Fell usw.

Um die Ecke gedacht

Wenn Sie in Ihrem Unterricht nun die Wahl zwischen Realobjekt und Modell haben, nehmen Sie beides! So sprechen Sie unterschiedliche Lerntypen an, nutzen die jeweiligen Vor- und Nachteile der Medien und ermöglichen individualisiertes Lernen.

73

Bei der Lehrerdemonstration kann es sich um jegliche Art von Vorführung handeln, die von der Lehrperson durchgeführt wird. Dies kann ein naturwissenschaftliches Experiment sein, eine künstlerische Technik, die Handhabung eines bestimmten Materials, der Umgang mit einem Werkzeug, die Auswertung von Tabellen u. v. m.

Vorteilhaft an der Lehrerdemonstration ist, dass der Zeitaufwand für Instruktionen kürzer wird, da die Lerner sehen und eventuell auch hören, wie der Vorgang abläuft. Die Demonstration wird meist zu Beginn des Unterrichts eingesetzt, um z. B. den Lernern eine Aufgabe zu erläutern. Hier hat sie die Funktion des Vormachens einer Tätigkeit, die die Lerner dann anschließend nachmachen. Die Demonstration kann auch eine Problemstellung vorgeben, an deren Lösung die Lerner dann arbeiten.

Weniger Instruktionen

Achtung!

 Wichtig ist ein guter Blick aller Lerner auf den Vorgang, die Geräte und Materialien.
 Erklären Sie die Demonstration vorher und/oder während Sie sie durchführen.
 Weisen Sie dabei auf mögliche Schwierigkeiten hin.
 Werten Sie die Demonstration anschließend aus: Arbeitsschritte bzw. Ablauf, Beobachtungen, Ergebnis, mögliche Schwierigkeiten, nötige Materialien.

Gleich mal ausprobieren

Wenn es sich nicht gerade um eine gefährliche Vorführung handelt, können Lehrerdemonstrationen auch von Schülern als Schülerdemonstration durchgeführt werden. Wählen Sie dafür einen Lerner aus, der bereits mit seiner Arbeit im Unterricht fertig ist und Zeit hat, sich auf seine Sonderaufgabe vorzubereiten. Achten Sie darauf, dass der Lerner schon grundlegende Fähigkeiten der Präsentation hat (Tipp 51).

❭ Tipp 51

74

Instruktionen
sparsam einsetzen

Von der Grundschule bis zur Sekundarstufe nimmt der Redeanteil von Lehrern im Unterricht exorbitant zu. Im Umkehrschluss lässt sich feststellen, dass die Selbsttätigkeit der Schüler im Laufe ihrer Schulzeit deutlich abnimmt. Daraus kann man ableiten, dass Lehrervorträge – also Instruktionen – möglichst sparsam eingesetzt werden sollten. Gestützt wird dieses Postulat durch Untersuchungsergebnisse, die besagen, dass von dem, was man nur hört, 20 % im Gedächtnis bleiben, von dem, was man hört und gleichzeitig sieht, 50 %, von dem, was man dagegen selbst tut, 90 %!

Ein guter Lehrervortrag will gelernt sein, denn es kommt darauf an, wichtige Informationen in möglichst kurzer Zeit anschaulich und einprägsam zu vermitteln. Stellen Sie sicher, dass die von Ihnen angesprochenen Inhalte an anderer Stelle Ihres Unterrichts noch einmal aufgegriffen werden.

Achtung!

Manche Instruktionen sind sinnvoll und unverzichtbar. Beachten Sie dabei jedoch folgende Regeln:
Ein guter Lehrervortrag
- ist möglichst kurz, nicht länger als 5–10 Minuten,
- ist klar strukturiert (also geplant),
- bezieht sich auf schon vorhandenes Wissen und gibt einen Ausblick auf zu erwerbendes Wissen,
- ist anschaulich, wird z.B. durch Abbildungen visuell unterstützt (Tipp 75–78),
- ist sprachlich der Lerngruppe angemessen,
- bezieht Körpersprache mit ein,
- aktiviert die Schüler durch Hör- oder Beobachtungsaufträge.

Eine Instruktion kann selbstverständlich auch durch Schüler vorgenommen werden.

❯ Tipp 75–78

75

Ein gutes Tafelbild muss geplant werden. Es ist klar strukturiert, sauber geschrieben und mit einer Überschrift versehen. Lernen Sie, ein solches Tafelbild zu erstellen!

Gleich mal ausprobieren

Nehmen Sie sich ein DIN-A4-Papier und verändern Sie das Format so, dass es in etwa der Wandtafel in der Schule entspricht. Beachten Sie, dass die meisten Tafeln auf- und zugeklappt werden können, also Außen- und Innenseiten haben. Schreiben Sie nun das Thema der letzten Stunde als Überschrift auf das Papier. Ergänzen Sie geordnet und übersichtlich die Fachwörter, Arbeitsaufträge oder Merksätze, die in dieser Stunde eine Rolle gespielt haben. Das Ergebnis sollte übersichtlich und für jeden gut nachvollziehbar sein.

Auf diese Weise können Sie die Tafelbilder der kommenden Stunden planen. Am besten legen Sie den „Entwurf" so auf den Lehrertisch, dass Sie während des Unterrichts draufschauen können. Achten Sie auf den Platzbedarf Ihres Tafelanschriebes (weniger ist mehr!) und auf eine saubere, leserliche Schrift.

Achtung!

Nicht alles, was im Unterricht geschieht, lässt sich genau vorausplanen, im Gegenteil: Da die Schüler im Zentrum des Unterrichtsgeschehens stehen sollten, wird sich – entgegen der Planung – möglicherweise ein etwas anderes Tafelbild entwickeln, bei dem Sie allerdings auch auf eine sinnvolle Struktur und Leserlichkeit achten können.

Das Tafelbild ist nur eine Möglichkeit der Visualisierung von Inhalten und Zusammenhängen. Vorteile liegen darin, dass es schnell anzufertigen ist und keiner organisatorischen Vorbereitung bedarf – abgesehen davon, dass man für bereitliegende Kreide sorgen muss. Ein entscheidender Nachteil allerdings ist, dass der Tafelanschrieb im Normalfall nach

Vor- und Nachteile

einer Unterrichtsstunde verschwindet, also nicht zur Wiederholung oder Weiterarbeit genutzt werden kann – es sei denn, Sie arbeiten bereits mit einem elektronischen Smartboard. Als Alternative bieten sich ein Flipchart oder ein großes Packpapier an. Die Struktur für Schriftliches oder Bildhaftes muss allerdings hier noch exakter geplant werden.

ABBILDUNGEN NUTZEN

76

Abbildungen sind bildliche Darstellungen, z. B. Reproduktionen von Kunstwerken, Illustrationen zu einem Text, grafische Darstellungen in mathematischen Zusammenhängen u. v. m. Die verschiedenen Abbildungsarten können im Unterricht auf unterschiedliche Weise hilfreich sein:

- In ihrer Funktion als Darstellung von Kunstwerken dient die Abbildung der Präsentation ästhetischer Objekte, z. B. als Dia, Folie, Kopie, Plakat, im Schulbuch usw. Hier kommt es darauf an, ein Medium zu nutzen, das die Abbildung möglichst genau und für alle Schüler erkennbar (z. B. nicht zu klein an der Tafel hängend) wiedergibt.

Hilfe für schwache Lerner

- In ihrer Funktion als visuelle Erläuterung eines Textes oder eines naturwissenschaftlichen Vorgangs ist die Abbildung besonders wichtig. Durch sie können komplizierte Zusammenhänge in ihren wichtigsten Aussagen bildlich wiedergegeben werden. Auch das zeitliche Nacheinander einer Versuchsbeschreibung kann durch eine Bildabfolge dargestellt werden. Dies ist z. B. für Lerner mit Migrationshintergrund sehr hilfreich, die sich so auch schwierige Texte und Abläufe erschließen können.

Gleich mal ausprobieren

Prüfen Sie Ihre Arbeitsbögen für die nächsten Unterrichtsstunden daraufhin, wie Sie Text reduzieren und mit Abbildungen, Fotos, Zeichnungen, Grafiken o. Ä. visualisieren können. Achten Sie aber darauf, dass sich Text und Abbildung auch wirklich entsprechen!

Abbildungen auf Folien – ob schwarzweiß oder farbig – können mit dem Overheadprojektor an eine geeignete Wand projiziert und sichtbar gemacht werden. Durch komplexe Bilder, nacheinander aufzulegende Bildfolgen, Grafiken, Zeichnungen (Tipp 76) u. a. kann auf diese Weise z. B. ein Vortrag unterstützt werden.

Bei komplizierten Zusammenhängen empfiehlt es sich, Schichtfolien zu nutzen, mit denen man eine Darstellung schichtweise aufbauen und z. B. auch Bild und Text voneinander trennen kann. Mehr als drei Folien lassen aber in der Regel nicht mehr ausreichend Licht durch.

Für die meisten Unterrichtsfächer können Folien bzw. Foliensätze schon fertig bestellt werden.

❯ Tipp 76

Schichtfolien

Achtung!

Wenn Sie im Unterricht Folien benutzen, sollten Sie auf Folgendes achten:

- Die Abbildung muss gut erkennbar sein.
- Unseren Sehgewohnheiten entsprechend sollten die wichtigsten Informationen zum dargestellten Sachverhalt oben links stehen.
- Kontrollieren Sie vorab den richtigen Projektionsabstand und die Schärfe.
- Prüfen Sie vorab die Projektionswand auf störende Muster oder Gegenstände hin.
- Vergessen Sie nicht, die Folie wegzunehmen bzw. den Projektionsapparat auszuschalten, wenn das Medium seinen Zweck erfüllt hat. Es wird Ihnen sonst nicht gelingen, die volle Aufmerksamkeit der Lerner wieder auf sich zu ziehen.

Mit Laptop und Beamer präsentieren

78

Das Internet und digitale Präsentationsmedien wie Laptop und Beamer haben in der Schule ihren festen Platz und erleichtern das Präsentieren sehr. Man holt sich die Bilder aus dem Internet und kombiniert sie mit Texten zum Vortrag. Zudem ist es möglich, auch Geräusche, Musik und Filmsequenzen einzubauen. Die Schüler mögen diese Art der Präsentation, weil sie abwechslungsreich und „in" ist.

Achtung!

> Die Präsentation mit Laptop und Beamer ist nicht per se die beste Methode, einen Unterrichtsinhalt zu vermitteln. Oft können eine Realbegegnung, eine gut erzählte Geschichte (Tipp 80), bei der vor dem inneren Auge der Schüler Bilder entstehen, oder ein Tafelbild (Tipp 75), das sich unter Mitwirkung der Schüler entwickelt, viel mehr leisten. Alle Medien haben Vor- und Nachteile, und es liegt in der Verantwortung des Lehrers, ein jeweils geeignetes Medium auszuwählen. Wichtig ist die Abwechslung und dass das Medium zielführend eingesetzt wird.

❱ Tipp 80
❱ Tipp 75

Merkmale eines guten Vortrags mit Beamer

Wenn man sich für eine Präsentation mit Laptop und Beamer entschieden hat, sollte man Folgendes beachten:

- Sich auf wenige übersichtliche Folien beschränken.
- Nicht alles, was man sagen will, visualisieren. Eine Präsentation soll nicht selbsterklärend sein, sie ergänzt den Vortrag, aber ersetzt ihn nicht.
- Stichworte, Bilder, Grafiken und Symbole ja – aber keine langen Sätze. Texte sind langweilig.
- Alles, was visualisiert wird, erläutern und damit die Aufmerksamkeit der Schüler lenken.
- Animation nutzen, um Spannung und Klarheit in die Präsentation zu bringen, aber nicht alle Animationsvarianten einsetzen, die das Programm bietet. Schüler mögen diese Effekte zwar, aber sie lenken von den Inhalten ab. Form follows function! Gezielt und sparsam eingesetzte Animationseffekte unterstützen die Präsentation.

- Ein einheitliches Layout mit klarer, einfacher Schrift wählen. Die Schrift muss für alle gut lesbar sein (also nicht unter 24 Punkt).
- Im Internet nur nach Bildern mit hoher und extra hoher Auflösung suchen. Die Suchmaschine google bietet die Option, nur große oder extra große Bilder zu suchen. Große Bilder fangen etwa bei 1000×1000 Pixel an. Unter 600×600 Pixel sollte man nicht gehen. Wenn man Bilder einscannt, hängt die Bildqualität nicht nur von der Vorlage, sondern auch von der Qualität des Scanners ab.
- Fernbedienung und Laserpointer ermöglichen freies Bewegen im Raum.
- Wenn man den Schülern ein Handout geben will, die Variante des Handzettels mit je drei darauf abgebildeten Folien wählen, damit die Schüler sich daneben Notizen machen können.

(Der Tipp enthält u. a. Anregungen aus: *Schilling, Gert (o. J.): Präsentieren mit Laptop und Beamer. Gert Schilling Verlag: Berlin.*)

FILME EINSETZEN

79

Der Einsatz von Filmen im Unterricht gehört in den Bereich der Mediendidaktik, der es um die Nutzung von Medien in Lernprozessen geht, mit dem Ziel, neue Qualitäten des Lernens und Lehrens für die Bildung zu ermöglichen.

Diverse Institutionen stellen Filme zur Verfügung, die eigens für die Bildungsarbeit mit Kindern und Jugendlichen konzipiert wurden. Eine lohnende Anlaufstelle sind diesbezüglich die medienpädagogischen Abteilungen der Institute für Unterrichtsentwicklung in den einzelnen Bundesländern. Oft gibt es zu den Filmen gutes Begleitmaterial. Bedeutsame Spielfilme, die nicht speziell für pädagogische Zwecke gedreht wurden, sind ebenfalls mediendidaktisch aufbereitet worden. Es lohnt sich auf jeden Fall, zu recherchieren, was es zu einem Thema an Film- und Begleitmaterial gibt.

Achtung!

> Weniger ist mehr! Wählen Sie aus einem langen Film die Sequenzen aus, die in Bezug zu Ihrer Unterrichtsabsicht stehen. Oft kann ein und derselbe Film für unterschiedliche Zwecke genutzt werden.

❯ Tipp 29

Der erweiterte Textbegriff in den Rahmenlehrplänen (Tipp 29) bezieht sich auch auf audiovisuelle Medien, und in vielen zentralen Prüfungen ist bereits die Möglichkeit des Einsatzes eines Films als Textvorlage gegeben. Etliche Verfahren der Textanalyse lassen sich auf die Filmanalyse übertragen.

Filmrezeption und -analyse

Generell gibt es drei Phasen der Filmrezeption:

- vor dem Sehen (Vorarbeit, Einstimmung, Beobachtungsaufträge),
- während des Sehens (Beobachtungen, Notizen),
- nach dem Sehen (Auswertung, Weiterarbeit).

Es kann durchaus sinnvoll sein, einen Film im Unterricht ein zweites Mal zu zeigen, um offengebliebene Fragen zu klären.

80 GESCHICHTEN GUT ERZÄHLEN

Wenn ein Lehrer den Schülern im Unterricht aus lebendiger Erfahrung oder lebhafter Vorstellung erzählt, wenn der Erzählstoff ihn selbst begeistert und ihm bildhaft vor Augen steht, dann überträgt sich das auf die Zuhörer. Wer gut erzählt, erzeugt innere Bilder mitsamt ihren Klängen, Gerüchen und Gefühlen.

Innere Bilder erzeugen

Erzählen ist Kommunikation mit dem Zuhörer. Der Zuhörer muss das Gehörte in sich aktivieren und in das eigene Wissensnetz einordnen. Sprachmelodie, Mimik und Gestik unterstützen diese Kommunikation. Wenn den Zuhörer innerlich oder äußerlich etwas anderes beschäftigt oder wenn er die Sprache bzw. bestimmte Begriffe nicht versteht, kann er nicht einsteigen. Aber selbst wenn der Zuhörer folgen kann, entsteht in ihm immer eine eigene Version der Geschichte (vgl. *Aebli, Hans (1983, 13. Aufl. 2003): Zwölf Grundformen des Lehrens. Eine allgemeine Didaktik auf psychologischer Grundlage. Bd. 1: Medien und Inhalte didaktischer Kommunikation, der Lernzyklus. Klett-Cotta: Stuttgart. S. 33 ff.*).

Gleich mal ausprobieren

Achten Sie beim Erzählen auf folgende Aspekte:
- eine atmosphärische Einstimmung inszenieren,
- ein Erlebnis mit inneren Bildern und Gefühlen schaffen,
- besser ein Geschehen anstatt Zustände schildern,
- anschaulich erzählen und Medien einbinden (Tipp 76),

❯ Tipp 76

- das Sprachniveau der Lerngruppe treffen,
- Bezüge zur Lebenswelt der Lerner herstellen,
- den Vortrag gliedern,
- das Wesentliche deutlich hervorheben, von mehreren Seiten beleuchten, dabei wiederholen und konkretisieren,
- Kontakt mit den Zuhörern halten (die Lerngruppe beobachten, Blickkontakt herstellen),
- die Zeit des reinen Inputs begrenzen, Zuhörer aktiv einbeziehen, z. B.: bei Unklarheiten die Sachlage klären lassen, Teile wiederholen lassen, z. B. aus Sicht der Beteiligten, Vermutungen äußern lassen, wie es weitergeht, bei Entscheidungen die Lerner Stellung beziehen lassen, Handlungen in Szenen nachspielen lassen.

Achtung!

Gutes Erzählen will vorbereitet sein. Notieren Sie daher:
- Begriffe, die Sie benutzen wollen,
- prägnante Formulierungen; halten Sie wesentliche Stellen wörtlich fest,
- Impulsfragen, die an bestimmten Stellen eingebaut werden sollen,
- an welchen Stellen Sie welche Anschauungsmedien einsetzen möchten.

Einer freien Erzählung kann man besser folgen als einem abgelesenen Text.

81 FANTASIEREISEN MACHEN

Fantasiereisen sprechen bei den Schülern vor allem den emotionalen und affektiven Bereich an, ihre Wirkung ist aber sehr von der Tagesstimmung der Klasse abhängig. Sie erfüllen mehrere Funktionen:

Funktionen
- Entspannung nach anstrengendem Lernen,
- Vermittlung eines Gefühls der Geborgenheit,
- Erhöhung der emotionalen Bindung zwischen Lehrer und Schülern,
- Stärkung des Sozialgefüges in der Lerngruppe,
- Anregung der Fantasie.

Im Kunst- und Deutschunterricht werden Fantasiereisen eingesetzt, um Aufgaben einzuleiten, die starkes Vorstellungsvermögen und das Sichversetzen in eine vergangene oder bevorstehende Zeit bzw. an einen anderen, manchmal real nicht existierenden Ort erfordern. Auf der folgenden Seite finden Sie Anregungen für Formulierungen.

Achtung!

Machen Sie keine Fantasiereisen mit Lerngruppen, die Sie nicht gut kennen, oder mit solchen, in denen Spannungen herrschen. Ermitteln Sie vorab anhand kleiner Entspannungsübungen, ob eine Gruppe sich auf diese Methode einlassen kann. Wenn es im Vorfeld der Stunde Zwischenfälle gab, die die Schüler noch beschäftigen, nehmen Sie von einer Fantasiereise besser Abstand. Fantasiereisen funktionieren nur, wenn die Schüler wirklich dazu bereit sind.

Fantasiereisen bestehen aus drei Teilen: Einstimmung, Traumreise und Ausklang. Wichtig sind eine bequeme Sitz- oder Liegehaltung, eine ruhige Stimme des Lehrers und entspannte Musik. Nach der Fantasiereise darf nicht erfragt werden, was die Schüler von dem, was der Lehrer gesagt hat, verstanden haben, sondern sie sollen äußern, was ihnen auf ihrer Reise begegnet ist.

Gleich mal ausprobieren

Wenn Sie mit einer Gruppe zum ersten Mal eine Fantasiereise machen, sollten Sie vorher erklären, wie sie durchgeführt wird, damit die Schüler wissen, was auf sie zukommt. Sorgen Sie für Ruhe in der Gruppe und schließen Sie störende Nebengeräusche aus.

Die Einstimmung bringt die Schüler in einen Zustand der Entspannung. Sprechen Sie ruhig und langsam:
„Ihr legt jetzt die Arme auf den Tisch, dann legt ihr euren Kopf auf die Arme. Ihr schließt die Augen. Ihr werdet ruhig und entspannt. Euer Körper ist warm und schwer. Ihr hört auf meine Worte ...“
Wiederholen Sie die Worte *„ruhig, entspannt, warm“* mehrfach und dehnen Sie sie beim Sprechen.
Es folgt nun die eigentliche Reise. Sie führen die Schüler an einen anderen Ort oder in eine andere Zeit. Dabei geben Sie möglichst wenig vor, damit die Schüler ihre eigenen inneren Bilder entwickeln können. Sie aktivieren die Sinne, lassen die Schüler in der Imagination sehen, hören, riechen, schmecken und fühlen.
Nach der Reise werden die Schüler behutsam wieder in die Wirklichkeit zurückgeführt:
„Die Reise geht langsam zu Ende. Alles, was ihr gesehen, gefühlt, gerochen, gehört und geschmeckt habt, nehmt ihr als Erinnerung mit. Ihr kommt langsam zurück. Ihr öffnet die Augen. Ihr hebt den Kopf. Ihr seid wieder in der Schule.“

SOS-Tipp

Möchte ein Schüler nicht mitmachen, lassen Sie ihn zusehen. Er muss dabei aber still sein. Wenn Schüler das Erlebnis stören, brechen Sie es lieber ab, als es entgegen dieser Stimmung durchzusetzen.

FORSCHEN LASSEN

Handlungskompetenz erwerben

Guter Unterricht geht nicht von den Fragen des Lehrers aus, sondern von denen der Schüler. Schüler erwerben Handlungskompetenz, indem sie aktiviert werden, möglichst vieles selbstständig und eigenverantwortlich zu tun und der Welt gegenüber eine forschende Haltung einzunehmen. Forschung wiederum wird von einem persönlichen Interesse angetrieben, am Anfang steht eine Frage. Um diese zu beantworten, kann man gezielte Beobachtungen anstellen, Sammlungen anlegen sowie Recherchen, Befragungen oder Experimente durchführen.

Bleibt es bei der reinen Bestandsaufnahme, werden natürliche Verhältnisse nicht verändert. Beim Experiment dagegen wird eine Situation präpariert, in der ein bestimmtes Verhalten beobachtet oder gemessen wird. Das Experiment ist also eine Versuchsanordnung, bei der die Beziehung zwischen Ursache und Wirkung interessiert. Die Auswertung der Versuchsergebnisse erfolgt als Schlussfolgerung und dadurch werden neue Erkenntnisse gewonnen oder Hypothesen untermauert bzw. widerlegt.

Experimente werden besonders in den naturwissenschaftlichen Fächern durchgeführt, forschende Herangehensweisen etablieren sich aber inzwischen auch in anderen Unterrichtsfächern. Als Beispiel sei hier die Didaktik der Ästhetischen Forschung im Kunstunterricht genannt.

Gleich mal ausprobieren

Hören Sie auf die Fragen Ihrer Schüler! Besprechen Sie mit ihnen, wie man eine Antwort auf die Fragen finden kann. Regen Sie also beobachtende, recherchierende und experimentelle Forschungen an und unterstützen Sie Ihre Schüler dabei.

83

> Tipp 82

Recherchieren heißt übersetzt „nachforschen". Man könnte sagen, dass es auf einer höheren Abstraktionsebene stattfindet als das Forschen (Tipp 82), also eher für Schüler der Sekundarstufen geeignet ist. Recherchen finden überwiegend anhand von Texten statt, beziehen sich also auf Wissensbestände und nicht, wie das Forschen, auf Experimente und eigene Erfahrungen. Der Vorteil dieser Lernform ist, dass die Schüler aktiv Fragen nachgehen – egal, ob es sich um selbst formulierte oder vom Lehrer vorgegebene handelt – und sich so Wissen selbsttätig aneignen.

Selbsttätige Aneignung von Wissen

Gleich mal ausprobieren

Überlegen Sie, zu welchem Thema Ihre Schüler in der nächsten Stunde oder Unterrichtseinheit Wissen erwerben sollen. Stellen Sie aus Ihrem persönlichen Fundus und aus den Materialien, die in der Schule vorhanden sind (z.B. Klassensätze von Schulbüchern), ein sogenanntes Lernbuffet zusammen. Damit ist ein Tisch gemeint, auf dem verschiedene Bücher, Lexika, Abbildungen usw., die für das Thema aufschlussreich sein könnten, ausliegen. Die Schüler erhalten nun den Auftrag, sich mithilfe der zur Verfügung gestellten Materialien über das Thema zu informieren und die Informationen individuell zu notieren. Dabei können unter Umständen Leitfragen helfen.

Sinnvoll ist es, anschließend Gruppen bilden zu lassen, in denen sich die Schüler über ihr neu erworbenes Wissen austauschen (Tipp 60). In einem zusammenfassenden Unterrichtsgespräch oder anhand von Fragebögen kann überprüft werden, ob die gesammelten Informationen den Kern des Themas erfassen.

> Tipp 60

Achtung!

Schüler müssen lernen, selbstständig zu arbeiten – und sie müssen es immer wieder üben. Das einmalige Anwenden einer solchen Methode ist wenig wirksam!

> Helfen Sie einzelnen Schülern, wenn Sie den Eindruck haben, dass sie noch nicht selbstverantwortlich mit dieser Art des Lernens zurechtkommen. Geben Sie Ihnen zusätzliche Hilfen, z. B. in Form konkreterer Arbeitsaufträge.

Sie können mit der Lerngruppe auch in den Computerraum gehen und dort – unter Beobachtung und Anleitung – Internetrecherchen durchführen lassen. Dabei lernen die Schüler den zielgerichteten Umgang mit diesem Medium.

84 LESESTRATEGIEN NUTZEN

In nahezu allen Unterrichtsfächern werden die Schüler mit Arbeitsaufträgen konfrontiert, im Rahmen derer sie sich unterschiedlichste kontinuierliche und nicht kontinuierliche Texte (Tabellen, Diagramme usw.) erschließen müssen. Die Anwendung von Lesestrategien hilft ihnen dabei. Deren Vermittlung ist nicht allein Sache des Deutschunterrichts, da Texte für den Fachunterricht oft eine hohe Informationsdichte und spezifische Sprache haben, die Schüler also eine fachspezifische Lesekompetenz brauchen, welche nur im Fachunterricht erworben werden kann.

Schritte zur Texterschließung Führen Sie nach und nach die folgenden Schritte zur Texterschließung ein:

1. Vor dem Lesen – Vorwissen aktivieren: Mithilfe der Überschrift und eventueller Bilder werden Ideen und Vermutungen zum Text entwickelt.
2. Lesen – Beim Lesen wird Verstandenes und/oder Unklares wahrgenommen und unterstrichen.
3. Klären – Unbekannte Begriffe werden durch Nachdenken, Nachschlagen oder Nachfragen geklärt. Oft gibt der Text selbst eine Erklärung für schwierige Begriffe.
4. Gliedern – Der Text wird in Abschnitte gegliedert, zu denen Überschriften formuliert werden.
5. Markieren – Wichtige Wörter im Text werden markiert.

6. Zusammenfassen – Der Inhalt des Textes wird mithilfe der markierten Wörter zusammengefasst.
7. Auswerten – Metakognition: Die angewendeten Strategien werden ausgewertet, z. B.: Welche deiner ersten Ideen passen zum Text?

(nach: *Leselotse für die Klassen 3–8, LISUM Berlin, http://bildungsserver.berlin-brandenburg.de/1172.html.*)

Gleich mal ausprobieren

Beginnen Sie zunächst mit den ersten zwei bis drei Schritten und üben Sie diese immer wieder. Bei niedriger Lese- und Sprachkompetenz der Lernenden ist es sinnvoll, in Schritt 2 nur zu unterstreichen, was man verstanden hat.

TEXTE VERFASSEN

85

In jedem Unterrichtsfach spielt das Verfassen von Texten eine große Rolle. Schüler müssen lernen, Sachverhalte, Zusammenhänge und eigene Meinungen sprachlich richtig, verständlich und dem Thema angemessen in Worte zu fassen. In ihrem privaten Umfeld schreiben Schüler heutzutage fast gar nicht mehr – vom SMS-Schreiben oder Chatten einmal abgesehen, wo es weniger auf Sprachrichtigkeit und angemessenen Ausdruck ankommt. Umso wichtiger ist es, dass sie in der Schule üben, verschiedene Texte zu schreiben – nicht nur im Deutschunterricht.

Gleich mal ausprobieren

Sollten Sie selbst nicht Deutsch unterrichten, erkundigen Sie sich bei Deutschkollegen (Tipp 16) oder informieren Sie sich anhand von Deutschbüchern, welche verschiedenen Textformen es gibt, und überlegen Sie, wie sie diese sinnvoll in Ihrem Unterricht üben lassen können. Jedes Fach ist aufgerufen, das Schreiben von Texten in den Unterricht zu integrieren! Lassen Sie Ihre Schüler möglichst oft schreiben, im Unterricht und bei Hausaufgaben.

❯ Tipp 16

Um die Ecke gedacht

> Denken Sie daran, dass Sie als Lehrer Vorbildfunktion haben. Wenn Sie selbst ungern schreiben, Tafelbilder aus Wortfetzen gestalten oder bei Anmerkungen zu Klassenarbeiten Rechtschreibfehler machen, werden Ihnen die Schüler kaum abnehmen, dass Sie Schreiben für wichtig halten.

MIT LERNSTATIONEN ARBEITEN

86

Optimales Lernen und Üben

❯ Tipp 63

Laufzettel

Bei der Methode Stationenlernen werden den Schülern im Rahmen einer übergeordneten Thematik, d. h. einer Unterrichtseinheit o. Ä., Stationen zur individuellen Bearbeitung angeboten, an welchen sie selbstständig, in beliebiger Reihenfolge und meist auch in frei zu wählender Sozialform ihren Möglichkeiten und Fähigkeiten entsprechend arbeiten. Da diese Form selbstständigen Arbeitens unterschiedliche Lernvoraussetzungen, Zugänge und Lern- bzw. Arbeitstempi (Tipp 63) berücksichtigt, wird so optimales Lernen und Üben ermöglicht.

Meist gibt es Pflichtstationen, die von allen Lernern zu bearbeiten sind, und freiwillige Stationen, die nach Interesse gewählt werden. Die Gesamtzahl der Stationen ist von der Gesamtzahl der Schüler bzw. Arbeitsgruppen abhängig, denn alle müssen gleichzeitig arbeiten können.

Vor dem Beginn der Stationenarbeit sollte den Schülern ein kurzer Überblick über die Anzahl und den jeweiligen Inhalt der Stationen gegeben werden, um ihnen die Orientierung zu erleichtern. Zur Orientierung trägt auch ein Laufzettel bei, der je nach Erfahrung der Schüler unterschiedlich gestaltet sein kann. Generell kann er die Stationen auflisten, eine Reihenfolge angeben, Pflichtstationen von freiwilligen Stationen unterscheiden, eventuell eine Bearbeitungszeit vorgeben oder auch einen Schülervermerk zu Erfahrungen an den Stationen vorsehen.

Gleich mal ausprobieren

Gliedern Sie ein umfangreicheres Thema in einzelne Teilinhalte. Aus diesen Teilinhalten werden Stationen gestaltet, denen Sie Arbeitsmaterialien und Aufgabenstellungen zuordnen. Achten Sie bei der Konzeption der Aufgabenstellungen darauf, dass sie:

- ein selbstständiges Erarbeiten von Themengebieten ermöglichen,
- verschiedene Lerneingangskanäle und somit unterschiedliche Lerntypen berücksichtigen,
- verschiedene Schwierigkeitsgrade anbieten.

Entwerfen Sie dazu einen Laufzettel mit Orientierung gebenden Angaben.

PROJEKTARBEIT DURCHFÜHREN

87

Projektarbeit nennt man eine ziel- und handlungsorientierte Methode, bei der die Lerner einzeln oder in Gruppen selbstständig an einer Aufgabe arbeiten, und zwar von der Planung über die Durchführung bis hin zum Projektschluss und der Präsentation (Tipp 51). Dies verlangt von den Schülern sehr hohe soziale und personale Kompetenzen. Die Lehrperson wird dabei zum Lernberater, der die Lernenden in ihrer eigenständigen Arbeit unterstützt.

❯ Tipp 51

Es gibt die verschiedensten Übersichten zum Ablauf eines Projekts, die sich aber in grundlegenden Merkmalen ähneln: die Projektinitiative soll idealerweise aus der Lerngruppe selbst kommen, der Projektplan möglichst selbstständig von den Lernern entwickelt werden, der Projektverlauf unter Beratung des Lehrers recht eigenständig durchgeführt und das Ergebnis am Ende von der Gruppe bzw. dem Einzelnen präsentiert werden.

Ablauf eines Projekts

Da die Lerner meist erst die Fähigkeiten und Voraussetzungen erwerben müssen, die sie für ein Projekt brauchen, findet Projektarbeit in der Schule oft in abgeschwächter Form als projektorientierter Unterricht statt. Hier müssen nicht

Projektorientierter Unterricht

alle Merkmale und Kriterien erfüllt werden. Der Lehrer kann z. B. das Thema vorgeben, das aber immer situationsbezogen für die Lerner von Interesse sein sollte, und die anderen Phasen können durch schriftliche Hilfen u. a. unterstützt werden.

Gleich mal ausprobieren

Bevor Sie die Methode Projektarbeit ausprobieren, sollten Sie den Stand der Kompetenzen Ihrer Schüler prüfen. Folgende Fragen helfen dabei:

Können die Schüler in Gruppen arbeiten (sich auf ein Ziel einigen, die Arbeit aufteilen, entstehende Probleme lösen)?

Halten sie sich an Verabredungen, z. B. Zeitvorgaben?

Sind sie technisch bzw. methodisch so versiert, dass sie eigene Lösungswege finden können?

Fördern Sie die Schüler in Bereichen, in denen Ihnen Mängel aufgefallen sind.

NOTEN GEBEN

88

Noten müssen generell in allen Fächern gegeben werden. Sie sollen die Vergleichbarkeit von Bildungsabschlüssen sichern und haben eine Selektions- sowie Orientierungsfunktion für Schüler und Eltern. Gleichzeitig haben Zensuren auch die pädagogische Funktion, motivierend und lernsteuernd zu wirken. Noten müssen dabei stets objektiv, valide und justiziabel sein. Man kann sich jedoch vorstellen, dass objektives Zensieren äußerst schwierig, ja letztlich kaum möglich ist.

❯ Tipp 44

Im Rahmen des kompetenzorientierten Lernens (Tipp 44) haben sich die Bewertungsmodalitäten verändert. Es werden nicht mehr nur abfragbare Fakten kontrolliert, vielmehr wird der Erwerb fachlicher, methodischer, sozialer und personaler Kompetenzen überprüft. Generell gilt jedoch auch hier der Gedanke, dass man nur das bewerten kann, was die Schüler im Unterricht lernen konnten.

Überprüfung von Kompetenzen

Achtung!

Man unterscheidet Lernsituationen, in denen die Lerner Dinge erproben, erkunden und üben können, und Leistungssituationen, in denen der Lerner nachweisen muss, was er zuvor gelernt hat. In der Lernsituation braucht der Lerner Rückmeldung für die Qualität und Richtigkeit seiner Arbeit, dies kann über Fremd- oder Selbstbewertung erfolgen. In der Leistungssituation dagegen werden Noten vergeben, die sich auf ein Ergebnis, ein Produkt oder auch einen Prozess beziehen können.

LEISTUNG SCHRIFTLICH ABFRAGEN

Schriftliche Leistungskontrollen spielen in allen Klassenstufen eine wichtige Rolle. Von benoteten Hausaufgaben, Lernerfolgskontrollen, Klassenarbeiten und Klausuren bis hin zum schriftlichen Abitur (Tipp 92) bilden sie einen wichtigen Teil der Benotung von Schülern.

❯ Tipp 92

Achtung!

Es ist wichtig, dass Sie sich frühzeitig danach erkundigen, welche Regelungen bezüglich schriftlicher Leistungskontrollen in Ihrem Fach je nach Klassenstufe gelten. Da schriftliche Leistungen immer einen nicht unerheblichen Teil der Note ausmachen, müssen Sie darüber informiert sein, welche Leistungskontrollen Sie schreiben lassen müssen und wie diese aussehen sollen. Für manche Arbeiten sind die Termine ggf. schulintern festgelegt (Tipp 20), oft müssen Sie sie aber auch festlegen und im Klassenbuch (Tipp 21) bzw. in einer dafür vorgesehenen Liste eintragen. Die Schüler müssen mindestens eine Woche vorher darüber informiert werden, und es dürfen nicht mehr als drei Arbeiten pro Woche geschrieben werden. Erkundigen Sie sich im Fachbereich auch danach, welche Regelungen für die Korrektur von Arbeiten bzw. Klausuren gelten.

❯ Tipp 20

❯ Tipp 21

Um die Ecke gedacht

Es ist wichtig, sich klarzumachen, dass Unterricht nicht stattfindet, damit Arbeiten oder Klausuren geschrieben werden können, sondern umgekehrt: Arbeiten und Klausuren überprüfen, was im Unterricht gelernt wurde, und dieses wiederum orientiert sich an den Standards der Rahmenlehrpläne und an den schulinternen Fachplänen. Die Fachbereichsleitung ist dafür zuständig, die Vergleichbarkeit von schriftlichen Leistungskontrollen innerhalb des Fachbereichs zu sichern (Tipp 14). Fragen Sie also an dieser Stelle nach.

❯ Tipp 14

ERWARTUNGSHORIZONTE ENTWICKELN

90

In Erwartungshorizonten werden Leistungserwartungen formuliert, z. B. im Hinblick auf Aufgaben im Unterricht, Klassenarbeiten, Klausuren oder auch mündliche Prüfungen. Über diese Leistungserwartungen muss sich der Lehrer Gedanken machen, bevor er eine Aufgabe formuliert, weil die Aufgabenstellung sich logischerweise an dem orientieren sollte, was die Schüler im Rahmen des Unterrichts lernen konnten.

Um die Ecke gedacht

Vielleicht denken Sie: „Ich bin froh, wenn mir eine angemessene Aufgabe einfällt. Wie soll ich wissen, auf welche Weise die Schüler sie bearbeiten?" Versuchen Sie, in dieser Hinsicht von Anfang an „andersherum" zu denken. Unter Berücksichtigung der Standards aus den Rahmenlehrplänen (Tipp 29 und 30), des schulinternen Fachplans (Tipp 31), Ihrer im Unterricht bearbeiteten Themen und der individuellen Leistungsstände der Schüler müssen Sie überlegen, was von ihnen geleistet werden soll und kann. Und genau das formulieren Sie als Bewertungskriterien.

❯ Tipp 29, 30, 31

Es ist also wichtig, vom Ergebnis her zu denken. Im Sinne der Individualisierung sollten die Erwartungen allerdings so formuliert sein, dass eine individuell unterschiedliche Bearbeitung von Aufgaben möglich ist.

Achtung!

Beachten Sie, dass im Erwartungshorizont nicht nur rein fachliche, sondern auch methodische, ggf. auch personale und soziale Kompetenzen gefordert sein können bzw. sollten. Listen Sie also z.B. nicht nur Fachbegriffe auf, die Sie abfragen wollen, sondern achten Sie darauf, dass die Schüler in der Lage sein müssen, ihr Fachwissen im Zusammenhang darzulegen. Für das Abitur beispielsweise sind drei verschiedene Anforderungsbereiche formuliert: Kennen, Verwenden, Urteilen (Tipp 92). Diese sollten in einer Aufgabenstellung berücksichtigt und entsprechend im Erwartungshorizont verankert werden.

❯ Tipp 92

Gleich mal ausprobieren

Versuchen Sie, für die nächste größere Aufgabe, die Sie im Unterricht stellen wollen, zu formulieren, wie Ihre Erwartungen – natürlich gemessen an den Standards – aussehen. Sollten Sie demnächst eine Klassenarbeit schreiben lassen, fertigen Sie eine Tabelle an, in deren linker Spalte die erwarteten Leistungen als Kriterien untereinanderstehen, rechts davon ist Platz für Ihre Anmerkungen zur individuellen Bearbeitung durch den Schüler und ganz rechts werden die erreichten Punkte (von möglichen Punkten) eingetragen.

Diese Seite kopieren Sie für jeden Schüler, füllen sie individuell aus und legen sie der korrigierten Klassenarbeit oder Klausur bei. Das scheint zwar zunächst eine Menge Arbeit zu sein, Sie werden aber die Erfahrung machen, dass die Korrektur anhand der vorformulierten Kriterien leichter ist und die Schüler sehr viel besser erkennen können, was sie gut und was sie nicht so gut gemacht haben.

91

Der Mittlere Schulabschluss, auch Realschulabschluss oder Fachoberschulreife genannt, unterliegt in allen Bundesländern – mit Ausnahme von Rheinland-Pfalz und Schleswig-Holstein – einer zentralen Prüfungsregelung. Der Prüfungsablauf ist recht ähnlich, im Folgenden werden beispielhaft die Bedingungen des MSA in Berlin geschildert. Die Erläuterungen sind in ihrem Kern auch übertragbar auf Abschlüsse nach der 9. Klasse (Hauptschulabschluss), die in manchen Bundesländern ebenfalls zentral gestellt werden.

Wenn Sie in einer 10. Klasse unterrichten, werden Sie mit den Vorbereitungen und der Durchführung des Mittleren Schulabschlusses (MSA) konfrontiert – und sei es nur durch Unterrichtsänderungen aufgrund der Prüfungstermine.

In den Fächern Deutsch, Mathematik und der ersten Fremdsprache müssen die Schüler zentral gestellte schriftliche Aufgaben bewältigen. Damit wird der Leistungsstand aller Schüler der Jahrgangsstufe 10 vergleichbar bewertet. In der ersten Fremdsprache gibt es auch eine mündliche Prüfung. Zusätzlich gibt es eine Präsentationsprüfung als vierte Prüfungskomponente. Hier kann sich der Schüler ein Thema nach eigenem Interesse wählen.

Bedeutung der Präsentationsprüfung

Insgesamt besteht der MSA aus zwei Teilen, aus den Jahrgangsnoten und aus den Prüfungsnoten. Da ein Ausfall in den schriftlichen Prüfungen mit einer befriedigenden Note in der Präsentationsprüfung ausgeglichen werden kann, kommt letzterem Prüfungsteil eine große Bedeutung zu.

Als Fachlehrer einer Präsentationsprüfung spricht man mit den Schülern (meist einer Gruppe) das Thema ab, betreut sie während der Arbeit und bewertet sie in der Prüfung.

Achtung!

Folgendes sollte hinsichtlich des Themas für die Präsentationsprüfung bedacht werden:
- Man muss für die Themenstellung einige Beratungszeit einplanen und alle Beratungen protokollieren.

- Nützlich sind z.B. Mindmaps als Gesprächsgrundlage, die von den Schülern zu ihren Themen erstellt werden können.
- Bei der Formulierung des Themas sollten die zentrale Problemstellung, die Reichweite des Themas, der Umfang der Arbeit, mögliche Untersuchungsmethoden und denkbare Medien für die Präsentation besprochen werden.
- Das Thema muss in Teilaspekte nach Anzahl der Gruppenmitglieder geteilt werden können, sodass jeder Schüler ungefähr gleich viel Sprechzeit hat.
- Günstig ist es, wenn Schüler ein Portfolio (Tipp 47) anlegen und zu den Beratungsgesprächen mitbringen.

❯ Tipp 47

- Fachliche Richtigkeit, Bezug zum Thema, eine logisch-stimmige Struktur, selbstständige Arbeit und eine gute Gruppenkommunikation werden mit bewertet.

DAS ABITUR VORBEREITEN

Wenn Sie an einem Gymnasium oder einer Gesamtschule mit gymnasialer Oberstufe tätig sind, werden Sie schnell feststellen, welch eine wichtige Rolle dort das Abitur spielt. Das gesamte zweite Schulhalbjahr ist bestimmt von der Vorbereitung und Durchführung der Abiturprüfungen, und bereits nach dem MSA (Tipp 91) müssen die Schüler sich mit ihrem Abitur auseinandersetzen, insbesondere bezüglich der Wahl von Kursen, die sie in die Abiturwertung einbringen müssen oder wollen.

❯ Tipp 91

Achtung!

Wenn Sie als Lehramtsanwärter in der Oberstufe eingesetzt sind, müssen Sie sich unbedingt mit den Rahmenbedingungen für das Abitur beschäftigen. Sie müssen die Abschluss-Standards kennen, an denen die Abiturienten in schriftlichen und mündlichen Prüfungen gemessen werden, und im Unterricht dafür sorgen, dass die Schüler diese erreichen können. Das ist insbesondere wichtig, wenn in den entsprechenden Fächern die schriftlichen Prüfungsaufgaben zentral gestellt werden. In diesem Fall erhalten die Schulen rechtzeitig Hinweise darauf, welche Inhalte in den Oberstufenkursen behandelt werden müssen, an die Sie als Lehrkraft gebunden sind. Auch in den „EPA" („Einheitliche Prüfungsanforderungen" für die einzelnen Fächer, die Sie im Internet abrufen können) werden Sie wesentliche Informationen erhalten.

Gleich mal ausprobieren

Nutzen Sie die erste Gelegenheit, an mündlichen Abitur- bzw. Präsentationsprüfungen als der fünften Prüfungskomponente teilzunehmen. Als Lehramtsanwärter dürfen Sie hierbei zuhören, allerdings nicht an der Beratung zur Notenfindung mitwirken. Lassen Sie sich von Ihren Kollegen die Aufgaben für die schriftliche Prüfung zeigen, damit Sie eine Vorstellung davon bekommen, welche Anforderungen an die Schüler und auch an die Lehrkräfte gestellt werden. Idealerweise wird das Abitur in Ihren Ausbildungsseminaren thematisiert, fordern Sie das ggf. ein!

Vorbereitung auf das Abitur schon in der Sek. I

Das Abitur prägt an den entsprechenden Schulen selbstverständlich nicht nur den Unterricht in der Oberstufe. Auch in der Sekundarstufe I spielen vor allem die verschiedenen Anforderungsbereiche (Kennen, Verwenden, Urteilen) eine große Rolle. Die Vorbereitung auf das Abitur beginnt also schon lange vor der Abschlussklasse und den Prüfungen.

93

In die Beurteilungen, die Sie im Laufe Ihrer Ausbildung bekommen, fließt die Bewertung Ihrer Mitarbeit im Seminar ein. In diesem Zusammenhang werden Pünktlichkeit und Zuverlässigkeit bewertet sowie mündliche und teilweise schriftliche Mitarbeit.

Achtung!

Kommen Sie regelmäßig und pünktlich ins Seminar! Sollte das einmal nicht möglich sein, so rufen Sie im Seminar an, um sich zu entschuldigen.

Sollten Sie an Wandertagen (Tipp 32), Klassenfahrten (Tipp 33) o. Ä. teilnehmen und dafür Seminartermine ausfallen lassen müssen, sprechen Sie das unbedingt vorher mit den Fach- und Seminarleitern ab.

❯ Tipp 32
❯ Tipp 33

Gleich mal ausprobieren

Um gut im Seminar mitarbeiten zu können, sollten Sie sich auf die Seminarthemen vorbereiten. Sie können dazu die Fachliteratur lesen, eventuell eigene passende Unterrichtsentwürfe mitbringen oder auch Materialien wie Arbeitsblätter und Schülerarbeiten.

Äußern Sie in Diskussionen Ihre Meinung! Hier geht es nicht um Richtig oder Falsch, sondern darum, Interesse am Seminarthema und Engagement für den künftigen Beruf zu zeigen. Stellen Sie Fragen!

In einigen Seminaren ist es üblich, die Veranstaltungen zu protokollieren. Hier ist Ihre ganze Aufmerksamkeit und sorgfältige Dokumentation gefragt, da Sie den Seminarleitern damit eine schriftliche, nachprüfbare Leistung in die Hand geben. Suchen Sie vorher in den Seminarordnern nach alten Protokollen, um die im Seminar üblichen Formalien zu beachten und sich am Umfang orientieren zu können.

Stellen Sie außerdem Ihre Zuverlässigkeit unter Beweis, indem Sie das Protokoll pünktlich abgeben!

94

Im Verlauf Ihrer Lehrerausbildung bekommen Sie mehrere Gutachten und Beurteilungen. Die Art und Anzahl ist in den jeweiligen Bundesländern unterschiedlich geregelt. Es kann sich dabei um ausgearbeitete, schriftliche Gutachten handeln oder auch um protokollierte Gespräche. Inhaltlich geht es darin aber immer um Ihre Stärken und Schwächen im Unterricht und in der Seminararbeit und um eine daraus abgeleitete schwerpunktmäßige Ausrichtung Ihrer weiteren Ausbildung. Gutachter sind der Leiter Ihres Allgemeinen Seminars, Ihre Fachseminarleiter und der Schulleiter. Die Basis für die jeweiligen Einschätzungen im Gutachten und auch in der Beurteilung ist die Bewertung Ihrer Unterrichts-

❯ Tipp 95
❯ Tipp 93

arbeit anhand der vorgeführten Stunden (Tipp 95), Ihre Mitarbeit in den Seminaren (Tipp 93) und Ihr Engagement in der Schule.

Achtung!

Gerade die ersten Gutachten und Beurteilungen geben ein Feedback über Ihre geleistete Arbeit und zeigen dabei Ihre Stärken und Schwächen auf. Nutzen Sie diese Rückmeldung als „Fahrplan" für Ihre weitere Arbeit und gehen Sie die darin genannten Schwächen gezielt an!

Ein wichtiges Gutachten ist das zu Ihrer schriftlichen Examensarbeit, da diese Benotung in die Abschlussnote Ihres

❯ Tipp 98

Staatsexamens eingeht (Tipp 98).

95

Sie werden im Laufe Ihrer Ausbildung von Ihren Seminar- und Fachseminarleitern in Unterrichtsstunden besucht und dabei auf Ihre Fähigkeiten hin beurteilt, Unterricht zu planen, durchzuführen und zu reflektieren. Um diese Besuche vorzubereiten, müssen Rahmenbedingungen geklärt, Medien und Materialien bereitgestellt sein und der schriftliche Entwurf Ihrer Stunde sollte von mehreren Personen auf inhaltliche und formale Richtigkeit hin durchgelesen werden. Für diese Vorbereitung brauchen Sie Zeit und können nicht erst eine Woche vorher damit anfangen. Beginnen Sie also jedes Semester damit, die notwendige Anzahl der Besuchstermine mit Ihren Seminarleitern zeitlich festzulegen. Lassen Sie zwischen den Terminen Pausenzeiten und planen Sie einen zusätzlichen Ausweichtermin, falls Sie einmal krank werden, die Klasse auf Klassenfahrt ist usw.

Rechtzeitig mit der Vorbereitung beginnen

Achtung!

Auf die folgenden Punkte sollten Sie vor dem Unterrichtsbesuch achten:

- Laden Sie Ihren Schulleiter und anleitenden Lehrer (Tipp 15) rechtzeitig ein.

❯ Tipp 15

- Organisieren Sie eine eventuelle Vertretung für die Folgestunde, während derer Sie mit Ihren Besuchern in der Besprechung sind.
- Organisieren Sie einen Raum, in dem die Besprechung stattfinden kann.
- Besprechen Sie Ihre Unterrichtsidee rechtzeitig mit mehreren kompetenten Personen, z.B. dem anleitenden Lehrer oder anderen Lehramtsanwärtern.
- Organisieren Sie alle notwendigen Medien und Materialien, die Sie für die Stunde brauchen, und stellen Sie sie bereit (Funktionstüchtigkeit überprüfen!, Tipp 65).

❯ Tipp 65

- Kopieren Sie Ihren schriftlichen Entwurf schon einen Tag vorher. Lassen Sie ihn zuvor auf Rechtschreibung und Zeichensetzung hin überprüfen.
- Bereiten Sie den Raum, in dem Sie die Stunde halten, rechtzeitig vor, z.B. mit Tafelanschrieb o.Ä.

96

Beim Schreiben eines Unterrichtsentwurfs geht es darum, die Gedanken, die Sie sich zu der jeweiligen Stunde gemacht haben, nachvollziehbar und strukturiert zu Papier zu bringen. Eine Schwierigkeit kann darin bestehen, dass mit mehreren Ausbildern verschiedene Vorstellungen und Vorlieben bezüglich der Unterrichtsentwürfe aufeinandertreffen. Das sollten Sie in den Seminaren ansprechen mit dem Ziel, die Ausbilder zu einem Konsens zu bewegen. Entwerfen Sie möglichst bald ein Schema, mit dem Sie immer wieder arbeiten können, unabhängig davon, welcher Ihrer Ausbilder zu Besuch kommt.

Schema entwickeln

Achtung!

Schreiben Sie nicht jeden Gedanken auf, den Sie haben – die Mühe lohnt sich nicht, da lange Entwürfe in der Kürze der zur Verfügung stehenden Zeit gar nicht genau gelesen werden können! Was nicht im Entwurf steht, können Sie im Analysegespräch noch erläutern. Vermeiden Sie außerdem Wiederholungen und Selbstverständlichkeiten (beispielsweise: „Die Schüler hören und verstehen den Arbeitsauftrag").

Das, was Sie aufschreiben, sollte präzise und sprachlich einwandfrei formuliert sein. Wichtig sind zielbezogene Begründungen Ihrer didaktischen Entscheidungen. Das oberste Ziel ist immer die individuelle Kompetenzförderung. Ziele, für die Sie im Unterricht keine Maßnahmen haben, sollten nicht aufgenommen werden. Andererseits können Sie auch Maßnahmen, die nicht zielrelevant sind, weglassen. Ein gut durchdachter Unterrichtsentwurf hilft vor allem Ihnen selbst, den Unterricht sinnvoll zu planen und gut zu strukturieren. Achten Sie zudem auf die folgenden formalen Merkmale:

Formale Merkmale

▪ Die Verlaufsplanung sollte auf einer Seite in einer Matrix übersichtlich zu erfassen sein.

- Impulse müssen im Entwurf nicht ausformuliert sein, sollten aber durchaus gerade bei wichtigen Phasenübergängen wohlüberlegt und zur Verinnerlichung schriftlich auf Kärtchen festgehalten werden.
- Mit einem gut gestalteten übersichtlichen Deckblatt erhält Ihr Entwurf eine angemessene äußere Form. Ansprechend ist eine Abbildung, aus der das Stundenthema ersichtlich ist. Auf das Deckblatt gehören das Stundenthema, alle Daten der Stunde (Datum, Stunde, Uhrzeit, Klasse, Schülerzahl, Raumnummer) und die Namen des Lehramtsanwärters, der Ausbilder, der Schule, des Schulleiters und des anleitenden Lehrers (Tipp 15). So weiß jeder, wie er den anderen anzusprechen hat.

❯ Tipp 15

UNTERRICHT ANALYSIEREN

97

Nach jedem Unterrichtsbesuch analysieren Sie Ihre Stunde und überlegen dabei, ob Ihre Planung und didaktischen Entscheidungen tragfähig waren bzw. welche Alternativen es zu einzelnen Entscheidungen gegeben hätte. Man findet die verschiedensten Anleitungen und Checklisten für Stundenanalysen, die sich in den wichtigsten Analysefragen aber decken:

- Wie war Ihr Gesamteindruck von der Stunde?
- War die Planung insgesamt tragfähig (Berücksichtigung der Lernerniveaus, Zeitumfang usw.) (Tipp 61–63)?
- Gab es Abweichungen in der Durchführung und worauf sind sie zurückzuführen?
- Wie sinnvoll war der Medieneinsatz?
- Wie zielführend waren die Methoden?
- War die Unterrichtssteuerung (z. B. die Impulsgebung) gelungen?
- Wie ist das Lehrerverhalten einzuschätzen?
- Wie hoch war die Schüleraktivität?

Eine wichtige Kontrollfrage ist auch: Würden Sie die Stunde noch einmal so halten, bzw. was würden Sie ändern?

Analysefragen

❯ Tipp 61–63

Professionell mit Kritik umgehen

Sich selbst zu kritisieren und Kritik von anderen auszuhalten, ist nicht einfach. Versuchen Sie, sich dabei eine professionelle Haltung anzueignen. Die Beurteilung betrifft nicht Ihre Person, sondern Ihre momentanen Stärken und Schwächen im Unterrichten. Da Sie in der Ausbildung sind, dürfen Sie auch Fehler machen – Sie sollten aber aus ihnen lernen. Nehmen Sie die Kritik also als wichtige Hilfen und Ratschläge an und notieren Sie sie sich.

Gleich mal ausprobieren

Sie können Ihre nächste Stundenanalyse vorbereiten, indem Sie sich schon beim schriftlichen Entwurf überlegen, an welchen Stellen es eng werden könnte (Zeit, Aufgabenklarheit, Methodensicherheit usw.), und Alternativen vorsehen.

DIE PRÜFUNGSARBEIT SCHREIBEN

98

Die schriftliche Prüfungsarbeit, auch Examensarbeit oder Hausarbeit genannt, besteht generell aus den Teilen Planung, Durchführung und Reflexion. Die Schwerpunktsetzung ist hier je nach Ausbildungsrichtung (Lehrer, Studienrat) und Bundesland unterschiedlich.

Themenfindung

Zuerst gilt es jedoch, das Thema zu finden und das inhaltliche Ziel bzw. den Schwerpunkt festzulegen. Suchen Sie sich ein Thema, das Sie interessiert und das auch durch Sie bearbeitbar ist. Passt es z. B. zur Altersstufe Ihrer Lerngruppe, sind benötigte Medien und Materialien vorhanden, beherrscht Ihre Lerngruppe schon grundlegende Techniken? Sammeln Sie die wichtigsten Inhaltsfelder in Form einer Mindmap und gehen Sie damit zu Ihrem Gutachter, um eine endgültige Formulierung festzulegen. Parallel hierzu sollten Sie sich auch schon in der Literatur (Printmedien und Internet) sachkundig gemacht haben.

Wenn Ihr Thema feststeht, verläuft der weitere Arbeitsprozess grob in drei Schritten: Vorarbeit, Durchführung des Unterrichts und Schreiben der Arbeit.

Die Vorarbeit umfasst die Planung der Unterrichtseinheit, das Sammeln von Material, das Sichten von Literatur und eine erste grobe Gliederung der Examensarbeit.

Vorarbeit

Für die Durchführung der Unterrichtseinheit sollten Sie genügend Zeit einplanen. Viele Stunden fallen aufgrund von Klassenfahrten o. Ä. weg, sodass Sie hierfür einen Zeitpuffer einkalkulieren müssen. Dokumentieren Sie den Verlauf der Unterrichtseinheit sorgfältig. Machen Sie sich nach jeder Stunde Notizen zur Reflexion. Fotografieren Sie entstehende Objekte, wichtige Tafelbilder, Arbeitsdokumente usw. Sie bilden eine Erinnerungsstütze und können zur Dokumentation des Prozessverlaufs in den Anhang kommen. Besonders Ihre Gedanken zu den Stundenanalysen (Tipp 97) sollten Sie unmittelbar notieren. Eine selbstkritische Reflexion mit profunden Hinweisen zu möglichen Alternativen zeigt Ihre Analysekompetenz.

Durchführung der Unterrichtseinheit

> Tipp 97

Das Schreiben der Arbeit beginnt meist mit einer Überarbeitung der ersten Gliederung und einer (Aus-)Sortierung des vorhandenen Materials. Vergessen Sie nicht, die Arbeit von mehreren Personen Ihres Vertrauens lesen zu lassen, und benutzen Sie ein Rechtschreibprogramm. Achten Sie auch darauf, die Daten ausreichend zu sichern.

Schreiben der Arbeit

DIE MÜNDLICHE PRÜFUNG BEWÄLTIGEN

99

In allen Bundesländern gehört zu den Prüfungsteilen des zweiten Staatsexamens ein mündliches Prüfungsgespräch, wobei Art und Umfang unterschiedlich geregelt sind. Meist können Sie die Schwerpunkte vorher mit Ihren jeweiligen Prüfern absprechen. Sie sollten sich zur Vorbereitung auf dieses Gespräch eine Mindmap zu zwei Schwerpunktthemen anlegen. Es sollte sich um Themen handeln, für die Sie sich interessieren und mit denen Sie selbst schon Erfahrungen in Ihrer Unterrichtsarbeit gemacht haben. Je nach Bundesland und Prüfer können Sie die Themen mehr oder weniger stark eingrenzen.

Schwerpunkte absprechen

Überlegen Sie sich, welche Fragen höchstwahrscheinlich zu Ihrem Thema gestellt werden. Hierbei können auch die Erfahrungen anderer Lehramtsanwärter helfen, die vor Ihnen mit demselben Thema in die Prüfung gegangen sind.

Achtung!

Achten Sie in der Prüfung auf Folgendes:

Sprechen Sie laut und deutlich und sehen Sie Ihrem jeweiligen Prüfer in die Augen. Vermeiden Sie Wiederholungen und Füllwörter. Achten Sie auf Ihre Körperhaltung, sie sollte nicht allzu lässig, aber auch nicht verkrampft wirken.

SOS-Tipp

Die mündliche Prüfung findet meist zu einem recht späten Zeitpunkt statt, nachdem Sie vorher schon andere Prüfungsteile absolviert haben. Überlegen Sie sich also Strategien zum Wach- bzw. Fitbleiben, z.B.:

- für genügend starken Kaffee, Tee o. Ä. sorgen,
- für frische Luft sorgen,
- Traubenzucker oder einen sauren Apfel essen,
- sich das Gesicht und die Hände kalt waschen.

(Die Verweise beziehen sich auf die jeweiligen Tipp-Nummern.)